Christian Graf von Krockow

Die preußischen Brüder

Prinz Heinrich und Friedrich der Große

Ein Doppelporträt

W0067883

Deutscher Taschenbuch Verlag

Von Christian Graf von Krockow
sind im Deutschen Taschenbuch Verlag erschienen:
Die Stunde der Frauen (30014)
Die Reise nach Pommern (30046)
Friedrich der Große (30342)
Fahrten durch die Mark Brandenburg (30381)
Begegnung mit Ostpreußen (30493)
»Unser Kaiser« (30539)
Rheinsberg (30649)
Von deutschen Mythen (36028)

Ungekürzte Ausgabe
April 1998
Deutscher Taschenbuch Verlag GmbH & Co. KG,
München
© 1996 Deutsche Verlags-Anstalt GmbH, Stuttgart
ISBN 3-421-05026-0
Umschlagkonzept: Balk & Brumshagen
Umschlagabbildung: ›Prinz Heinrich‹ von Frédéric Reelam/
›Friedrich der Große‹ (1781) von Anton Graff (© BPK, Berlin)
Gesamtherstellung: C. H. Beck'sche Buchdruckerei,
Nördlingen
Gedruckt auf säurefreiem, chlorfrei gebleichtem Papier
Printed in Germany · ISBN 3-423-30659-9

Inhalt

Einleitung

Preußen war die Schicksalsmacht unserer neueren Geschichte; es hat die deutsche Einheit erstritten. Zugleich allerdings war es ein Staat von ganz eigener Art, kein Stammesland wie Bayern, Württemberg, Sachsen oder Hannover – und ein Nationalstaat erst recht nicht. Daß es gerade den erschaffen würde, hätte an den Ursprüngen niemand ablesen können; was immer man dazu behauptet hat, ist Erfindung im nachhinein.

Preußen ruhte auch nicht in ehrwürdigen Traditionen, wie Österreich und das habsburgische Kaisertum. Es war ein Emporkömmling gegen jede Wahrscheinlichkeit, aus armseligen und zerrissenen Anfängen von seinen überragenden Herrschern, von Friedrich Wilhelm I., dem Soldatenkönig, und von Friedrich II., dem Großen, hinaufgearbeitet und emporgekämpft zu europäischem Rang. Dazu noch blieb dieser Staat von seinem Aufstieg bis in den seltsam wehrlosen Untergang immer umstritten; Theodor Fontane hat vom »gleich sehr zu hassenden und zu liebenden« Preußen gesprochen.

Aber längst ist es versunken; für die meisten von uns, die Jüngeren zumal, ist es etwas sehr Fernes und Fremdes, nahezu Unbekanntes geworden. Und ehe seine Liebhaber sich entrüsten oder die Verächter frohlocken, sollte man nüchtern fragen: Was geht Preußen uns an?

Früher einmal hielt man sich am Patriotischen fest. Von Fehrbellin bis Sedan leuchteten die Ruhmestaten, und »Prag, Kolin, Roßbach, Leuthen«, die Schlachten des Jahres 1757, kannte jedes Schulkind auswendig. Doch derlei ist gottlob aus der Mode geraten. Im Rückblick drängt sich ohnehin der Verdacht auf, daß es darum ging, die Bereitschaft zum Kampf und den Willen zum Durchhalten zu stärken, koste es, was es wolle.

Oder was geht es uns an, wenn wir feststellen, daß wir Preußen die Grundlagen unseres Verwaltungs- und Rechtsstaates verdanken? Wir haben andere Sorgen; wir fragen, wie wir die staatliche Regulierungswut und Besteuerungsgier zurückdrängen können, an der wir ersticken. Im übrigen müssen wir hoffen, daß unserem zweiten Nationalstaat ein besseres Schicksal beschieden sein wird als Bismarcks preußischer Gründung.

Aber vielleicht bleibt die Geschichte bedeutsam, weil sie von Prägungen des Lebens erzählt, die einmal Wirklichkeit waren. Solche Prägungen wecken die Anteilnahme oder stoßen uns ab, weil sie von Möglichkeiten und Grenzen, von den Höhen und Tiefen des Menschlichen sprechen. Und womöglich wirken sie unterirdisch weiter, womöglich um so stärker, je weniger wir von ihnen noch wissen. Erst indem wir uns mit diesen Prägungen auseinandersetzen, gewinnen wir Orientierung; wir erkennen, und sei es manchmal mit Entsetzen, wozu Menschen fähig sind. Am Ende erkennen wir sogar – als Aufgabe und Verantwortung –, was wir für die eigene Zukunft, für die Kinder und Enkel wünschen sollen und wogegen wir uns wappnen müssen.

Es mag allerdings sein, daß wir aus der Geschichte fliehen, weil wir es so genau nicht wissen wollen und uns an die Illusion einer »Selbstverwirklichung« klammern, die nichts ausschließt und die Fülle aller Möglichkeiten bewahrt. Von solcher Selbstverwirklichung hat schon Karl Marx geträumt, als er eine Gesellschaft beschwor, die es »möglich macht, heute dies, morgen jenes zu tun, morgens zu jagen, nachmittags zu fischen, abends Viehzucht zu treiben, auch das Essen zu kritisieren, ohne je Jäger, Fischer oder Hirt oder Kritiker zu werden, wie ich gerade Lust habe«.

Davon freilich schweigt die Geschichte, und das Ärgerliche an der preußischen ist, daß sie von einer menschlichen Möglichkeit ebenso entschieden redet, wie sie anderes ausschließt.

Unversehens stoßen wir auf den Ursprung dessen, was Fontane gemeint hat. Denn die Verriegelung von Lebenschancen empört uns mit Recht – während zugleich doch die gelungene und genau umrissene, gegen Widerstände erschaffene Gestalt zur Bewunderung ruft. Gleichgültig läßt uns nur das Ungefähre, das breiig Beliebige – und ohne Orientierung erst recht.

Das Menschliche erkennen wir am Menschen, wie das Unmenschliche auch. Darum liegt es nahe, nach historischen Figuren zu fragen, in denen wir Preußen exemplarisch und persönlich kennenlernen. Aber unversehens stellt sich eine Schwierigkeit ein; die wahren Preußen haben solch eine Annäherung immer als zudringlich empfunden und sich spröde entzogen. Denn aufs Amt und die Amtsführung sollte es ankommen und eben nicht auf den Menschen. Weder das Streben nach Glück noch die Selbstentfaltung erschien als preußisches Prinzip, sondern die Pflichterfüllung im Dienst, und als Tugend galt, um keinen Preis wehleidig zu sein, das heißt Gefühle nicht zu zeigen, sondern wegzuschließen, als seien sie für niemanden bedeutsam, nicht einmal für die eigene Person. Wenn man Maria Theresia, die mütterliche Regentin, mit Friedrich, dem einsamen Aufklärer und Menschenverächter, vergleicht, dann wird der Sachverhalt deutlich: Etwas hochmütig Abweisendes, etwas wie Kälte weht uns von Preußen her an.

> »Noch immer das hölzern pedantische Volk,
> Noch immer ein rechter Winkel
> In jeder Bewegung, und im Gesicht
> Der eingefrorene Dünkel.«

Das stammt aus Heinrich Heines eingeschworener Feindschaft, in die sich das Vorurteil mengt, doch es ist etwas daran. Um so dringender stellen sich Fragen: Wie sah es hinter der Fassade aus? Was verbirgt der Abglanz nie ermüdender Pflichterfüllung? Wo finden wir das Sein hinter allem Scheinen? Wo die Menschen?

Von zweien will dieses Buch erzählen: von Friedrich dem Großen und mehr noch von seinem Bruder, dem Prinzen

Heinrich. Denn wie kaum jemand sonst war er ein exemplarischer Preuße. Heute mag er vergessen sein, aber einst blickte Europa auf ihn. In St. Petersburg wurde er ebenso begeistert empfangen und geehrt wie in Paris. Polen und sogar Amerikaner dachten an ihn als ihren künftigen König. Er bewährte sich als Diplomat und vor allem als Feldherr; es ist fraglich, ob ohne ihn Friedrich den Siebenjährigen Krieg überstanden hätte.

Die preußischen Brüder: Von der Jugend bis ins Alter ist Heinrichs Leben von der Beziehung zu Friedrich bestimmt worden. Stets sah sich der Prinz unter eine Macht gezwungen, die kein Taktgefühl kannte und wenig Rücksichten nahm; wieder und wieder und mit harter Hand hat Friedrich in die Geschicke Heinrichs hineinregiert, hat sein Verlangen nach Freiheit, seine Sehnsucht nach einem eigenen Leben ohne Gnade zertreten. Die Vermutung liegt nahe, daß das Vergessen, in das dieser Bruder geriet, mit der Schönrednerei für Friedrich zu tun hat: Wer den Blick in die Abgründe scheut, darf von Heinrich nichts wissen. Er selbst hat mit Verfinsterung, mit Haß reagiert. Immer jedoch blieb er der Preuße, dessen Treue zum Staat und zum König keinen Zweifel erlaubte.

Es geht durchaus nicht darum, die Größe herabzusetzen. In Wahrheit berührt sie uns erst, wenn wir die Tiefen wie die Höhen durchmessen und den Preis erkennen, mit dem sie bezahlt werden muß. Der Ruhm und die Demütigung, ein Widerstreit der Gefühle, die Erfüllung der Pflicht und die Sehnsucht über sie hinaus, der es verwehrt bleibt, ihr Ziel zu erreichen: Gerade in ihrer zwiespältigen Beziehung verkörpern Friedrich und Heinrich das klassische Preußen.

Von dessen Bedingungen sprechen die Anfangskapitel. Denn natürlich erschließen sich Biographien erst aus den historischen Umständen. Umgekehrt führen Lebensgeschichten in die Geschichte; immer kommt es auf das Wechselverhältnis an. Nachdem dann der Hauptteil des Buches von der Bruderbeziehung erzählt, ist am Ende wieder vom klassischen Preußen die Rede. Und vielleicht wird sich zeigen, daß es noch immer wichtig ist, weil es uns menschlich ergreift.

Etwas Persönliches sei noch angefügt. Ich stamme aus einer preußischen Familie. Davon löst man sich nicht, selbst wenn man es versucht; Preußen hat mich lebenslang beschäftigt, weil es sich immer auch um die eigene Herkunft handelte. Und immer schon ging es mir darum, hinter dem Staat die Menschen zu entdecken, die einst ihn schufen und von ihm geformt wurden. Aber nach einem halben Jahrhundert meint man dann doch, am Ziel zu sein und gefunden zu haben, was man suchte. Darum wird dieses Buch – aller Voraussicht nach – das letzte sein, das ich über Preußen schreibe.

Es ist andererseits unvermeidbar, daß manche Leser die eine oder andere Passage und Zitate entdecken, die ihnen aus meinen Vorarbeiten schon vertraut sind; diese Vorarbeiten werden im Literaturverzeichnis genannt. Doch die Einzelheiten verändern sich mit der Perspektive ihrer Darstellung; ich selbst bin bei der Arbeit an diesem Buch in das mir Unbekannte geraten und zu neuen Einsichten gekommen. Darum hoffe ich, daß ich sogar die genauesten und getreuesten Leser nur dadurch enttäusche, daß sie mit mehr nicht mehr rechnen dürfen.

Göttingen, im Herbst 1995   Christian Graf von Krockow

Die preußische Erziehung – Erster Teil

»Preußen ist in einer Kanonenkugel ausgebrütet worden«, hat der französische Spottvogel und spätere Revolutionär Graf Mirabeau gesagt. Wenn daran etwas wahr ist, dann muß man erst einmal vom »Soldatenkönig« reden, von Friedrich Wilhelm I., der am 14. August 1688 in Berlin geboren wurde. Als sein Vater am 25. Februar 1713 starb, bestieg er, 24 Jahre alt, als »König in Preußen« den Thron und regierte bis zu seinem Tod am 31. Mai 1740. Sein Beiname kommt nicht von ungefähr. Er schuf den straffen Militär- und Beamtenstaat und eine der stärksten Armeen Europas, die am besten ausgebildete noch dazu.

Aber was sonst wissen wir von diesem Mann? »Der Vater« heißt, bezeichnend, der Roman von Jochen Klepper, der 1937 erschien, und eben dies ist uns vielleicht noch bekannt: Friedrich Wilhelm war der Vater seines berühmten Sohnes, Friedrichs des Großen, mit dem er einen abgründigen, schreckensvollen Konflikt ausfocht. Wohl niemand käme auf den Gedanken, Friedrich ein Buch unter dem Titel »Der Sohn« zu widmen, obwohl man das mit gleichem oder noch mehr Recht tun könnte; Friedrich ist wirklich und lebensbestimmend vom Kampf mit dem Vater geprägt worden. Noch der weltberühmte König und Feldherr wurde in seinen Träumen wieder und wieder von der prägenden Gestalt, vom gespenstischen Über-Ich des Vaters heimgesucht, der Rechenschaft verlangte.

Um einen neueren Vorgang zu erwähnen: Als 1991 die beiden preußischen Könige von der Hohenzollernburg bei Hechingen nach Potsdam heimkehrten, war Friedrich in aller

Munde, aber kaum jemand sprach von Friedrich Wilhelm. Und wie selbstverständlich wählte man zum Datum des Staatsakts nicht den 14., sondern den 17. August, das heißt Friedrichs Todestag statt Friedrich Wilhelms Geburtstag.

Als eine anziehende Figur kann man Friedrich Wilhelm freilich nicht bezeichnen. Schon der kleinwüchsige, aber kräftige Junge bewies sein unbändig wildes Temperament – und sehr wenig Sinn für die verfeinerten Sitten der höfischen Kultur. Wenn die verschwägerten Fürstenfamilien aus Berlin und Hannover einander besuchten, machte er sich einen Spaß daraus, seinen um fünf Jahre älteren welfischen Vetter Georg zu verprügeln. Dieser Vetter – der Bruder von Friedrich Wilhelms späterer Gemahlin Sophie Dorothea – rückte 1727 als Georg II. zum König von Großbritannien und Irland auf. Es ist ihm kaum zu verdenken, daß er die preußischen Emporkömmlinge nicht mochte und wenig Begeisterung zeigte, als sein leitender Staatsmann Pitt der Ältere England und Preußen in ein Bündnis führte.

Später neigte Friedrich Wilhelm dann immer mehr zum übermäßigen Essen und Trinken, so daß er unförmig dick wurde und seine anfangs robuste Gesundheit ruinierte. Dabei plagte ihn lebenslang sein cholerischer Charakter; kaum berechenbar wechselten Wutanfälle und Tränen der Reue einander ab.

Wenn wir uns im Wortsinne ein Bild von ihm machen wollen, taugen leider die üblichen Fürstenportraits nicht sehr viel. Die Hofmaler schönten, was sie sahen; die Gestalten gerieten ihnen schlanker, die Gesichter glatter, die Gesten imponierender, als sie in Wirklichkeit waren. Tiefendimensionen, die Hintergründe des Charakters werden eher verborgen als offenbart. Darum ist es ein glücklicher Umstand, daß Friedrich Wilhelm – unangemessen modern ausgedrückt – ein Freizeit- und Hobbymaler war. Drei Jahre vor seinem Tod, im Jahre 1737, schuf er ein Selbstbildnis (siehe S. 14).

Gewiß spürt man die Abhängigkeiten, die fremden Einflüsse; Erinnerungen an Lucas Cranach den Älteren und seine Lutherbilder werden wach. Doch was man sieht, ist kein Kö-

»Könige müssen mehr leiden können
als andere Menschen«, hat
Friedrich Wilhelm I. gesagt. In seinem
Selbstportrait aus dem Jahre 1737 wird die
innere Zerrissenheit anrührend sichtbar.

nig in Glanz und Gloria, sondern ein Mensch – und zwar ein
komplizierter, schwerlich glücklicher Mensch. Trotz und Ei-
gensinn, wahrscheinlich Willensstärke und Selbstbewußtsein,
aber auch die Neigung zu jähem, kaum noch zu kontrollieren-
dem Zorn sprechen aus dem Gesicht. Dennoch und zugleich
wird etwas Weiches, fast möchte man meinen Weinerliches
erkennbar: Angst, Unruhe und Unsicherheit, der Selbstzwei-
fel. Das Miteinander kraß gegensätzlicher Eigenschaften, die
Zerrissenheit einer Seele, wird vom seltsamen, durchaus »un-
realistischen« Hell-Dunkel der Kleidung zusätzlich zum Ausdruck gebracht – oder zum Symbol erhoben, so als sei der
Maler bei Psychologen unseres Jahrhunderts, bei Sigmund
Freud in die Lehre gegangen.

Nein, es handelt sich um keine anziehende, um so mehr jedoch um eine faszinierende Figur. Denn dieser Mann war ein Gründer-König. Er hat Preußen geformt und dauerhaft geprägt. Nicht nur die Armee ist sein Werk, sondern auch der Staat mit Verwaltungsorganisation und Beamtentum; den in Brandenburg, Pommern und Ostpreußen dahindämmernden Landadel hat er zur modernen Leistungselite erweckt. Vor allem war er ein Erzieher von Rang: Das Preußentum im kantigen Gefüge seiner Tugenden oder Untugenden ist unter seinen Händen entstanden.

Preußens »größten inneren König« hat ihn darum der große Gelehrte Gustav Schmoller (1838–1917) genannt. Der Blick auf das Selbstbildnis aber warnt uns davor, Friedrich Wilhelms Lebenswerk als etwas im Grunde doch Einfaches anzusehen, das mit Willenskraft und Arbeit nur geschaffen werden mußte, um dann frei von Spannungen, Widersprüchen und Abgründen seine geschichtliche Bedeutung zu erweisen.

Was trieb diesen Herrscher, wo finden wir seine Motive? Es liegt nahe, die typische Rebellion eines Sohnes gegen den Vater zu vermuten; für einen Augenblick blenden wir darum zurück. Der brandenburgische Kurfürst Friedrich III., als Nachfolger des Großen Kurfürsten seit 1688 im Amt, regierte ein zerrissenes, armseliges und rückständiges, noch immer von den Wunden des Dreißigjährigen Krieges gezeichnetes Land. Doch wie fast alle anderen Fürsten in Deutschland und Europa war er ein prachtliebender Regent. Andreas Schlüter erschuf ihm den gewaltigen Hauptbau des Berliner Stadtschlosses. Zwar förderte Friedrich unter dem Einfluß seiner zweiten Gemahlin Sophie Charlotte aus dem Hause Hannover die Wissenschaften und Künste; 1694 wurde die Universität Halle, 1696 die Akademie der Künste, drei Jahre später auf Anregung des Philosophen Leibniz die Gesellschaft der Wissenschaften gegründet. Aber wichtiger als alles andere blieb die prunkende Hofhaltung. So oft wie möglich galt es, Feste zu feiern, und gar nicht aufwendig genug konnten sie sein.

Das Lebensziel dieses Fürsten war erreicht, als er sich am 18. Januar 1701 als Friedrich I. zum »König in Preußen« krön-

Prunkvolle Residenz: Berliner Stadtschloß mit
dem Reiterstandbild des Großen Kurfürsten, nach
einem Kupferstich von Peter Haas um 1830.
Baumeister und Bildhauer war Andreas Schlüter.

te. Der sonderbare Titel deutete auf Einschränkungen hin; genaugenommen galt er nur außerhalb der alten Reichsgrenzen im fernen (Ost-) Preußen, nicht in der Mark Brandenburg und in Berlin; daher fand die Krönung in Königsberg statt. Aber wen kümmerte das? Man war nun »Majestät« wie das bewunderte Vorbild in Versailles, der »Sonnenkönig« Ludwig XIV. Auch diese Rangerhöhung kostete viel Geld, nicht zuletzt, weil das Einverständnis des Kaisers mit immer neuen Hilfstruppen für die habsburgische Kriegführung erkauft werden mußte. Zum eigenen Regieren blieb bei alledem wenig Zeit. Praktisch herrschte ein Zirkel von Günstlingen – und mit ihnen die Mißwirtschaft. Als Friedrich starb, hinterließ er ein finanziell ruiniertes Land.

Die väterliche Verschwendung forderte Friedrich Wilhelms Sparwut heraus, unausdrücklich zunächst und doch deutlich. Schon der Junge führte ein musterhaftes Ausgabenbuch mit der Aufschrift: »Rechnung über meine Dukaten«. Seine Mutter entsetzte sich: »Ein Geizhals in so zartem Alter!« Ähnlich war es dann überall, als Friedrich Wilhelm den Thron bestieg. Der Vater vertraute seinen Ratgebern, auch den Einflüsterungen von Frauen, also mußte man mißtrauisch sein, alles selbst entscheiden und sich den Weibern entziehen. Und wenn die Wissenschaften und die Künste gepflegt worden waren, hatten sie bald nichts mehr zu lachen.

Doch um zur Sparwut zurückzukehren: Mit allem gehörigen Aufwand wurde der Vater zu Grabe getragen. Gleich darauf aber verbreitete der Erbe Entsetzen. Der Glanz der Hofhaltung kam jäh ans Ende; alles Überflüssige wurde verkauft. Nicht besser erging es dem Personal, den Kammerherren, Zeremonienmeistern und dergleichen unnützen Essern – wie einer von ihnen klagte, als er die Liste erblickte, durch die ein langer schwarzer Urteilsstrich gezogen war: »Unser guter Herr ist tot, und der neue König schickt uns alle zum Teufel!« Um ein hartes Schicksal handelte es sich in der Tat, denn wohlerworbene Rechte, den »einstweiligen Ruhestand«, Pensionsansprüche und dergleichen moderne Errungenschaften gab es noch nicht.

Der König selbst trug bis ans Ende seiner Tage fast nur den schlichten dunkelblauen Uniformrock eines Obersten. Denn in diesen Rang hatte ihn noch der Vater erhoben, und nach dessen Tod – so meinte Friedrich Wilhelm – gab es niemanden mehr, der eine weitere Beförderung zum General oder zum Feldmarschall hätte aussprechen dürfen. Er selber gewiß nicht.

Man kann sich den Bruch mit dem Herkommen kaum radikal genug vorstellen. Denn die Norm, das europäische Vorbild höfischen Lebens stammt tatsächlich aus dem Frankreich Ludwigs XIV. Es verband Prachtentfaltung mit der strengen Etikette, und überall versuchten die Fürsten ihm nachzueifern, ob sie es sich nun leisten konnten oder nicht. Hätte es sich allerdings bei Friedrich Wilhelm nur um die trotzköpfige Rebellion eines Sohnes gegen den prunkliebenden Vater gehandelt, so wäre wahrscheinlich nicht mehr entstanden als für kaum dreißig Jahre eine preußische Kuriosität, über die man im Rückblick mit einem Schmunzeln oder mit Kopfschütteln hinweggeht.

Viel wichtiger war darum ein zweites Motiv, die elementare politische Einsicht: Eigentlich war Preußen noch gar kein Staat, der diesen Namen verdiente, sondern von Kleve bis Memel ein zerstreutes Vielerlei höchst unterschiedlicher Territorien, wie der historische Zufall sie zusammengebracht hatte. Was, außer ihrem König, verband denn die Leute vom Niederrhein mit denen in Masuren, was die hinterpommerschen Kaschuben mit den Bürgern von Magdeburg? Und nirgendwo gab es natürlich geschützte Grenzen, nirgendwo war man mehr als ein paar Meilen von ihnen entfernt. Ein solches Land konnte nur bestehen, und, wenn möglich, seine Gebiete zusammenschließen, wenn es über eine schlagkräftige Armee verfügte. Denn allen fürstlichen Heiratsprojekten und feierlichen Verträgen zum Hohn glichen die Staaten beutehungrigen Raubtieren. Jeder strebte nach Ausdehnung auf Kosten des Nachbarn, jede Schwäche bedeutete Gefahr. Gegen Ende des 18. Jahrhunderts hat das Schicksal Polens gezeigt, wie es einem ehemals großen Reich ergeht, das innerlich zerrissen und gelähmt zwischen stärkeren Nachbarn erdrückt wird.

Die königliche Sparpolitik war also kein Selbstzweck und weit mehr als eine persönliche Marotte. Sie hatte zum Ziel, die starke Armee zu schaffen und für den Ernstfall einen Kriegsschatz anzulegen. Es kam freilich hinzu, daß politische Einsicht und persönliche Neigung sich bei Friedrich Wilhelm glücklich ergänzten. Er wußte es selbst und bekannte: »Das schönste Mädchen, das man mir verschaffte, wäre mir gleichgültig. Aber Soldaten, das ist meine Schwäche, damit kann man mich so weit bringen, wie man will.« Ja, er liebte seine Soldaten und wollte keinen verlieren. Um so härter wurden freilich die Deserteure bestraft, die diese Liebe verrieten. Vielleicht findet man hier eine Erklärung dafür, daß dieser Herrscher die außenpolitischen Abenteuer und kriegerischen Verwicklungen ängstlich mied. In seiner Regierungszeit entstand der Spruch: »So schnell schießen die Preußen nicht«, obwohl

Am 18. Januar 1701 krönte sich der brandenburgische
Kurfürst Friedrich III. als Friedrich I. in Königsberg
zum »König in Preußen«. In seinem Krönungsornat malte
ihn um 1712 Antoine Pesne.

sie es rein exerziermäßig schneller taten als andere; sie hätten ja auch erschossen werden können.

Boshafter drückte es ein englischer Diplomat aus: »Der König von Preußen ist nur im eigenen Schafstall ein Wolf.« Und der französische Gesandte zitierte ein Wort Peters des Großen über Friedrich Wilhelm: »Er will zwar gern fischen, aber ohne sich die Füße naß zu machen.« Es liegt nahe, von einem Friedensmilitarismus zu sprechen. Einzig Stettin und Vorpommern bis zur Peene hat der König 1720, am Ende des großen Nordischen Krieges, fast ohne Risiko an sich gebracht, weil die schwedische Großmacht praktisch schon zusammengebrochen war. An den Erwerb erinnert in Stettin – dem inzwischen polnischen Szczecin – noch immer das »Berliner Tor« mit seiner lateinischen Inschrift. Aber selbst bei dieser günstigen Gelegenheit hat der König sich nicht weiter vorgewagt und, statt aufs Ganze zu gehen, lieber den ausgleichenden Kompromiß gesucht: Noch für ein Jahrhundert, bis zum Wiener Kongreß von 1815, gab es ein »Schwedisch Pommern«.

Beim Tode des Soldatenkönigs zählte die Armee 83 000 Mann; im europäischen Vergleich handelte es sich um die viertstärkste des Kontinents, obwohl Preußen nach seinem Gebiet erst an zehnter und nach seiner Bevölkerung erst an dreizehnter oder vierzehnter Stelle stand. Folgerichtig verschlang die Armee den bei weitem größten Teil, rund 80 Prozent der Staatseinnahmen – wohlgemerkt in Friedenszeiten. Um die Finanzen nicht hoffnungslos zu überfordern, mußten die meisten Soldaten in zehn Monaten des Jahres ihren Lebensunterhalt selbst verdienen; nur für zwei Monate wurden sie wirklich in Dienst genommen und gedrillt.

Beim Aufbau des straffen Militärstaates kam Friedrich Wilhelm dreierlei zugute. Erstens war das preußische Königtum brandneu. Es gab keine Traditionen, die es trugen, und keine Gewohnheiten, die es fesselten. Weit weniger als andere Monarchien mußte es aufs Herkommen, auf altehrwürdige Überlieferungen Rücksicht nehmen. Wenig oder nichts verstellte den Blick in die Zukunft und eine nüchtern kalkulierte Interessenpolitik.

Zweitens gab es im Inneren kaum noch Kräfte, die aktiven Widerstand leisteten. Die Freiheit städtischer Selbstverwaltung und das Selbstbewußtsein der Bürger waren durch den Dreißigjährigen Krieg zerstört worden. Aber auch der Adel konnte seine alten Vorrechte nicht mehr behaupten, schon darum nicht, weil sie sich auf die Einzelländer bezogen. Es gab brandenburgische, pommersche und ostpreußische Stände, aber keine gesamtpreußischen. Erst 1847, am Vorabend der Revolution von 1848, ist ein vereinigter Landtag einberufen worden. Der Widerstand, sofern er sich noch regte, bekam es darum mit einer weit überlegenen Staatsmacht zu tun – und mit der persönlichen Energie, der Entschlossenheit des Königs, der den ostpreußischen Ständen den berühmten Satz ins Stammbuch schrieb: »Ich ruiniere die Junkers ihre autorité; ich komme zu meinem Zweck und stabilisiere die souveraineté wie einen rocher von bronce.«

Drittens wäre von den Triebkräften des Zeitalters zu sprechen. Die konfessionellen Grenzlinien spielten kaum mehr eine Rolle, die nationalen noch keine; bis zur Französischen Revolution war das 18. Jahrhundert eine Epoche der Real-, nicht der Ideenpolitik. Darum konnten sich die Staaten beinahe beliebig Gebiete aneignen, wenn sie die Macht dazu besaßen; darum konnte sich ein Staat ohne »natürliche« Grenzen oder Stammesgrundlagen und altehrwürdige Traditionen in dieser Epoche so erstaunlich entfalten.

Der französische Historiker Ernest Lavisse hat den Sachverhalt bezeichnet: »Die Natur hat mancherlei Länder geschaffen und Wiegen für Völker bereitet. Für Preußen hat sie nichts getan... Preußen wurde von Männern gemacht.« Um so wichtiger waren die allerdings, und Lavisse fügt hinzu: »Man denke sich anstelle Friedrich Wilhelms I. einen König wie Friedrich I., der im Genuß der Königswürde aufging, sie in glänzenden Festen und hohlem Schaugepränge vertat, und wahrscheinlich ist es um Preußen geschehen. Man denke sich als Nachfolger des Königs-Korporals eine brave Mittelmäßigkeit oder ganz einfach einen Ehrenmann, dann tritt Maria Theresia das väterliche Erbe an, das ihr durch eine Fülle klargeschriebener, unbestreitbarer Verträge verbürgt ist, und Preußen steigt nicht vom dritten Rang zum ersten empor. Der ganze Lauf der Geschichte wird ein anderer.«

Kurzum: Weil es keine »natürlichen« Schranken gab und keine Traditionen sie fesselten, konnten herausragende Herrscher in Preußen mehr bewirken als anderswo. Sie konnten ihren Staat den Tendenzen der Zeit beweglicher, rücksichtsloser anpassen als andere Länder. Das machte dann die Modernität der neuen Großmacht aus – und erklärt den Abscheu wie die Bewunderung, die sie bei den Zeitgenossen erregte.

Wir kehren zum Ausgangspunkt zurück, zur königlichen Sparpolitik. So wichtig sie sein mochte, so wenig genügte sie, um die immer weiter wachsende Armee zu finanzieren. Vielmehr kam es darauf an, die Wirtschaftskraft des Landes zu entwickeln, und eine Fülle von Maßnahmen war dazu nötig. Man mußte den Gewerbefleiß in den Städten anspornen, Manufakturen einrichten und die Landwirtschaft verbessern. Bei allem war ein unermüdliches Antreiben notwendig, um die Trägheit des Herkommens aufzubrechen. Wir wollen uns nicht in Einzelheiten verlieren und nur die Siedlungspolitik hervorheben.

Preußen war seit dem Dreißigjährigen Krieg ein menschenarmes Land, und Ostpreußen wurde durch späte Züge der Pest zusätzlich leergefegt; etwa ein Drittel der gesamten Landesbevölkerung fiel zwischen 1709 und 1711 der Seuche zum Opfer. Das »Retablissement«, die Wiederbesiedlung Ostpreußens, zählt zu Friedrich Wilhelms denkwürdigen, mit großem persönlichen Einsatz erbrachten Leistungen. Die aus dem Erzbistum Salzburg vertriebenen Protestanten, Schweizer, Niederländer und andere gehörten zu den Kolonisten, die der König anwarb und willkommen hieß. Zwar mußte man ihnen erst einmal Mittel für Haus und Hof, fürs Vieh, das Ackergerät und die erste Aussaat vorstrecken, aber der Geizhals auf dem Thron wußte, wie man sein Geld gewinnbringend anlegt. »Menschen halte ich für den größten Reichtum«, schrieb er. Die Menschen brachten auch Fertigkeiten und Kenntnisse mit, die es bisher nicht gab – und vor allem den

Willen, die Leistungsbereitschaft, sich durch harte Arbeit eine neue Heimat zu schaffen.

Sparsamkeit, Fleiß und Leistungsbereitschaft: Wir nähern uns hier einem weiteren, dem im Grunde wichtigsten Motiv, das den Soldatenkönig erklärt und uns das Preußen verstehen läßt, das er erschuf. Friedrich Wilhelm erwies sich als Tugendrevolutionär und Tugenderzieher von geschichtlichem Rang, der wider den »alten Adam« kämpfte, um ihn in einen neuen, den pflichtbewußten Menschen zu verwandeln.

»Wir wollen in unserem Lande den Egoismus durch die Moral ersetzen, die Ehre durch die Rechtschaffenheit, die Gewohnheiten durch die Prinzipien, die Schicklichkeit durch die Pflicht, den Zwang der Tradition durch die Herrschaft der Vernunft, die Geringschätzung des Unglücks durch die Geringschätzung des Lasters, die Frechheit durch das Selbstgefühl, die Eitelkeit durch die Seelengröße, den Geldhunger durch die edle Ruhmsucht, die sogenannte gute Gesellschaft durch gute Menschen, die Ränkesucht durch die Verdienstlichkeit...«

Dies ungefähr, wenn auch nüchterner formuliert, hätte in einer Regierungserklärung Friedrich Wilhelms I. stehen können, wenn es denn üblich gewesen wäre, bei der Thronbesteigung einer Versammlung der Stände oder den Ministern und Generälen ein Programm vorzulegen. Fleiß, Ordnungssinn, Sparsamkeit und Schlichtheit, Disziplin und Pflichterfüllung statt eitler Verschwendung, statt Selbstsucht und Bestechlichkeit: Das war ja wirklich das Programm, für das dieser König sich sein Leben lang mühte, das er seinen Beamten und allen Untertanen vorlebte, predigte und einbleute – und sei es nötigenfalls mit dem Krückstock.

Aber der zitierte Text stammt aus einer Rede, die der Tugendwächter und Scharfrichter der Französischen Revolution, Maximilien Robespierre, am 5. Februar 1794 in Paris gehalten hat. Die verblüffende Nähe zeigt ein Grundmuster des revolutionären Denkens und Handelns; bei allen Unterschieden im Ursprung und in den Zielen geht es stets darum, daß die Kinder des Lichts gegen die Kinder der Finsternis zum

Entscheidungskampf antreten. Das Unrecht soll durch Recht, Lüge durch Wahrheit, Laster und Luxus durch das Natürliche und Einfache, kurz das Böse durch das Gute ersetzt werden. So wettert Martin Luther wider die Papstkirche, so ziehen in der großen englischen Revolution die frommen Puritaner gegen ihren König zu Felde und bringen ihn aufs Schafott, so liest man es bei Rousseau. Immer und zentral geht es dabei um Erziehung – und sei es um eine Diktatur oder Tyrannei der Erziehung: Wenn die Vertreibung des alten Adam durch einen neuen Menschen mißlingt, ist alles nichts nütze.

Der König von Preußen ein Revolutionär? Das klingt höchst ungewöhnlich, und das ist es auch. Denn gemeinhin bricht eine Revolution von »unten« los oder wird doch so dargestellt; »im Namen des Volkes« erstürmt sie die Zwingburgen der bestehenden Ordnung. Jedenfalls haben wir uns daran gewöhnt, es so zu sehen. (Ob man damit historischen Figuren wie Lenin oder Mao Tse-tung gerecht wird, ist eine andere Frage.) Das Besondere und Denkwürdige an der preußischen Tugendrevolution ist dagegen, daß sie »oben« auf dem Thron beginnt.

Wenn man den Vorgang wirklich verstehen will, muß man noch einmal nach den Beweggründen des Mannes an der Staatsspitze fragen. Griff seine Tugenderziehung nicht weiter und tiefer, war sie vor allem nicht viel persönlicher angelegt, als daß man sie verständig oder kalt berechnend nur aus machtpolitischen Erfordernissen ableiten darf? Wurde Friedrich Wilhelm nicht zuerst und wesentlich von Gefühlen bewegt, von Überzeugungen geleitet? Allerdings. Was wirklich zählt, ist die Glaubensgewißheit, wie bei allen Revolutionären, die diesen Namen verdienen. Für den Soldatenkönig war es die Frömmigkeit, die Christenpflicht, mit der er an sein Werk ging und bei ihm beharrte; als ein »Amtmann Gottes« hat er sich verstanden.

Um zuerst von den Untertanen zu reden: Sie waren in ihrer großen Mehrheit Lutheraner, denn Brandenburg, Pommern und (Ost-)Preußen hatten sich früh für die Reformation entschieden. Um sein Werk vor dem Ansturm der Gegenrefor-

mation, vor radikalen Bewegungen und vor den Bauerner-
hebungen zu retten, mußte Luther es den Landesfürsten an-
vertrauen. Dadurch entstand eine Bindung und Einordnung,
wie sie der gottesfürchtige Bibelleser im Römerbrief des Apo-
stels Paulus beschrieben fand: »Jedermann sei untertan der
Obrigkeit, die Gewalt über ihn hat. Denn es ist keine Obrigkeit ohne von Gott; wo aber Obrigkeit ist, ist sie von Gott
verordnet.« Und »wer sich nun der Obrigkeit widersetzt, der
widerstrebt Gottes Ordnung; die aber widerstreben, werden
ein Urteil über sich empfangen.«

Wichtig ist außerdem, was über die Familie und den Beruf
gesagt wird. Luther ist sozusagen ein Erfinder des Bürgerbil-
des vom innigen Familienleben. Im Gegenzug wird der Beruf
als innere Berufung und als Pflichterfüllung vor Gott und den
Menschen betont. Darum paßt zum Luthertum so gut wie zu
Preußen die Behauptung im 90. Psalm, daß ein Leben köstlich
gewesen sei, wenn es aus Mühe und Arbeit bestand. Man findet in der Bibel eben stets das Passende. Außer Betracht bleibt
dann, daß die Müßiggänger, die Träumer und Taugenichtse
sich auf das Matthäusevangelium, Kapitel 6, Vers 26 und 28,
hätten berufen können, auf die Lilien auf dem Felde oder die
Vögel unter dem Himmel: »Sie säen nicht, sie ernten nicht, sie
sammeln nicht in die Scheunen, und euer himmlischer Vater
nährt sie doch.«

Die Hohenzollern allerdings waren seit dem Jahre 1613 keine Lutheraner mehr, sondern Calvinisten. Für diesen Glau-
benswechsel gab es höchst irdische Anlässe; im Erbstreit um
Gebiete am Niederrhein wollte Kurfürst Johann Sigismund
das Haus Oranien als Verbündeten gewinnen. Die Gegenpar-
tei, ebenfalls lutherisch, wurde katholisch, um den Kaiser auf
ihre Seite zu ziehen.

Aus dieser am Anfang eher zufälligen Konstellation hat sich
nicht nur eine mehrfache Verschwägerung der Häuser Hohenzollern und Oranien ergeben, sondern es ist eine für die
Zukunft bedeutsame Verbindung, eine Art von brandenburg-
niederländischer Wahlverwandtschaft entstanden. Um die
Aufregung seiner Untertanen über den Konfessionswechsel

zu dämpfen, veröffentlichte der Kurfürst Johann Sigismund ein Edikt – einen Erlaß mit Gesetzeskraft –, in dem es hieß: »Auch wollen seine kurfürstlichen Gnaden zu diesem« – seinem eigenen, calvinistischen – »Bekenntnis keinen Untertanen öffentlich oder heimlich zwingen, sondern den Kurs und Lauf der Wahrheit Gott allein befehlen, weil es nicht an Rennen und Laufen, sondern an Gottes Erbarmen gelegen ist.« So hat sich für zwei Jahrhunderte eine Toleranzpolitik entwikkelt, die zu den Ruhmesblättern Brandenburg-Preußens gehört. Zu ihren schönsten Zeugnissen zählt das Edikt von Potsdam, mit dem der Große Kurfürst 1685 auf den Widerruf der Religionsfreiheit in Frankreich antwortete. Es hieß die Glaubensflüchtlinge aus der Fremde, die Hugenotten, großzügig willkommen. Als eine zweite Zitadelle der Toleranz trat also Brandenburg-Preußen neben die Niederlande.

Neben dem Edlen entstand das handfest Praktische. Man hat die Mark Brandenburg als »des Heiligen Römischen Reiches Streusandbüchse« verspottet. Das Wasser aber, das die Sandböden nicht halten, sammelt und staut sich im Sumpf- oder Bruchland. Um es urbar zu machen, braucht man Wasserbaukünstler. Man fand sie am Niederrhein und in Holland; im Ergebnis ist die Mark Brandenburg nach den Niederlanden zum kanalreichsten Gebiet Europas geworden.

Wahrhaft historisch muß man das Bildungserlebnis Friedrich Wilhelms I. nennen. Wie sein Großvater, der Große Kurfürst, besuchte er in seinen Jugendjahren die Niederlande und gewann dort lebensbestimmende Eindrücke. Was er sah, waren die »blühenden Landschaften«, von denen wohlmeinende Herrscher immerfort träumen: Welch ein Wohlstand – und im Kontrast zum armselig rückständigen Preußen welch ein Reichtum sogar! Doch wie konnte man ihn nach Brandenburg, Pommern oder Ostpreußen transportieren?

Der junge, keineswegs gelehrte Mann erkannte, was uns erst Max Weber (1864–1920) gezeigt hat: daß die calvinistischen Tugenden es sind, die die wirtschaftliche Entwicklung der bürgerlichen Gesellschaft entscheidend fördern. Alles, was nicht Gebet und Arbeit ist, wird abgewertet, oft radikal verketzert, und der Erfolg der Arbeit erscheint als ein Zeichen der göttlichen Gnade. Damit setzt sich eine Haltung der »innerweltlichen Askese« durch, wie Weber es nannte. Man spart, verzichtet auf den Genuß des Augenblicks und richtet sich leistungsbereit zur Zukunft. In einer inneren Disziplinierung, die den Zeitfaktor kalkulieren lernt, entsteht die »langfristige Investitionsperspektive« des modernen Unternehmers. Der Bannfluch des frommen Calvinisten aber gilt jedem, der nicht nutzbringend arbeitet. Er trifft so unterschiedliche Gestalten wie den Mönch und den Heiligen, den Bettler wie den reichen Genießer, den Spieler und den Don Juan.

Mit anderen Worten: Das Bildungserlebnis des Kronprinzen führte zu dem Vorsatz, die preußischen Untertanen gewissermaßen zu Niederländern umzuerziehen. Wer das für zu weit hergeholt hält, besuche in Potsdam das »Holländische Viertel« – oder, noch besser, am Rande von Potsdam-Babelsberg das bescheidene »Jagdschloß Stern«, den einzigen Neubau, den der Soldatenkönig für die eigenen Bedürfnisse sich gönnte. Da gewinnt man einen Eindruck von dem Vorbild, das Friedrich Wilhelm I. bestimmte. Was man sieht, ist ein niederländisches Bürgerhaus, das man von seiner Gracht in Leiden oder Amsterdam unter die märkischen Kiefern versetzt hat.

Natürlich ist im preußischen Ergebnis ganz etwas anderes entstanden als in den Niederlanden. Dort, aber auch in Genf, bei den Hugenotten in Frankreich, in Schottland und mit seinen Auswirkungen auf den englischen Puritanismus stellte sich der Calvinismus meist als eine Bewegung der Unter- und Mittelschichten dar, die ihre Spitze gegen die alteingesessenen Patrizier und gegen die Aristokratie richtete. In Preußen dagegen begegnen wir einem »Calvinismus von oben« über den lutherischen Untertanen. Um so besser allerdings eignete er sich als Antriebskraft für das Großunternehmen, das der Staat war.

Im übrigen handelte es sich in den Niederlanden um eine selbstbewußte Bürgergesellschaft, deren Reichtum wesentlich aus der Schiffahrt und dem Handel stammte. In dem Agrarland Preußen fehlten dafür alle Voraussetzungen. Hier bildete der Landadel die bestimmende Schicht; die Mehrheit der Bevölkerung bestand aus – meist erbuntertänigen – Bauern oder Gutsarbeitern; die Städte, in der Regel noch Ackerbürgerstädte, blickten über ihr nahes Umland kaum hinaus, sofern man vom ostpreußischen Königsberg absieht. Darum mußte alle Energie vom Staat ausgehen – und alles Selbstbewußtsein davon, ihm zu dienen. Darum wurden die Tugenden preußisch verwandelt; darum haben sie nicht eine beispielhafte Bürgergesellschaft geschaffen, sondern den leistungstüchtigen Staat, für den es nicht auf den Wohlstand des einzelnen, sondern auf die Macht ankommt, die er entfaltet.

Bei Friedrich Wilhelm I. tritt zum ererbten und durch das niederländische Bildungserlebnis aktivierten Calvinismus noch etwas hinzu: der Pietismus. Er entwickelt sich als Gegenbewegung zu einem als Glaubenslehre und Kirchenordnung erstarrten Luthertum; er will die Wiedergeburt des Menschen durch seine persönliche Erweckung bewirken; er betont die Frömmigkeit, die das ganze Leben durchdringen soll, und die tätige Nächstenliebe. Von seinen Gegnern ist ihm freilich oft eine süßliche Frömmelei, auch eine Flucht aus der Welt in die stillen Kreise der Betbrüder und Betschwestern vorgeworfen worden.

Der preußische Begründer des Pietismus war Philipp Jacob Spener (1635–1705), dessen bedeutendster Schüler August Hermann Francke (1663–1727), der in Halle durch die 1694 eröffnete Universität ein geistiges und mit seinen Stiftungen ein praktisches, vor allem ein pädagogisches Zentrum des Pietismus schuf. Von Gefühlserweichung ist dabei wenig zu spüren, doch um so mehr von einer harten und handfesten Reformbewegung, der es auf die Pflichterfüllung im Dienst des Nächsten und der Gemeinschaft ankommt. Zugespitzt: Wenn der Calvinismus die Arbeit »an sich« heiligt, dann der Hallesche Pietismus die Arbeit für andere.

Der Soldatenkönig hat das erkannt. Die Beamtentugenden und überhaupt das Ethos des Staatsdieners, das er sich wünschte, wurden von der Franckeschen Pädagogik geradezu nach Maß hergestellt. Darum strapazierte der König Francke und seine Mitarbeiter mit immer neuen Anforderungen nach Feldpredigern für die Regimenter, nach Pastoren für wichtige Pfarrstellen, nach Erziehern für die Kadettenanstalt oder das Militärwaisenhaus in Potsdam. Die Angeforderten wurden durch ihre Ämter wiederum dazu gebracht, sich mit dem Staat und dem Staatsdienst zu identifizieren. Wie Carl Hinrichs in seinem Buch über »Preußentum und Pietismus« gesagt hat: »Die Begegnung mit Friedrich Wilhelm I. sollte für den Halleschen Pietismus eine entscheidende Wendung bringen: er wurde aus einer universellen Bewegung gewissermaßen Staatsreligion.« Und umgekehrt: Die Begegnung mit dem Pietismus Franckescher Prägung machte aus einem König den frommen, fest im Glauben verwurzelten Amtmann Gottes.

Blickt man auf das Lebenswerk Friedrich Wilhelms I. zurück, so kann man nur staunen. In den 27 Jahren seiner Regierungszeit hat er Preußen verwandelt, ja es im eigentlichen oder »klassischen« Sinne überhaupt erst begründet. Er hat eine geordnete Finanzverwaltung, das moderne Beamtentum, die Anfänge zumindest eines Rechtsstaates von Rang und die mächtige Armee geschaffen. Er hat die Gewerbe und die Landwirtschaft gefördert, mit der Urbarmachung des Bruchlandes begonnen, Kolonisten ins Land gerufen und angesiedelt. Aus dem Adel formte er eine leistungtüchtige Dienstelite. Vor allem hat er, weit in die Zukunft hinein, jenes Tugendprofil geprägt, das wir seither als »typisch preußisch« – oder sogar, von Preußens deutschen Wirkungen her, als »typisch deutsch« einzustufen gelernt haben. Wahrlich: Dies ist Preußens »größter innerer König«.

Dabei kann man sich den Widerstand, mit dem er zu kämpfen hatte, kaum groß genug vorstellen. Zwar handelte es sich kaum noch um einen politisch aktiven Widerstand, um so mehr aber und um so schwerer greifbar um die Beharrungskraft, die aus den Verhältnissen, aus Dumpfheit, Gedrücktheit, Armseligkeit, Borniertheit, aus dem Unwissen und dem Mangel an Selbstbewußtsein stammte. Ohnehin klammert sich eine »vormoderne« Agrargesellschaft ans Hergebrachte, statt sich aufs Verändern, auf die Zukunft einzurichten. Ähnliches gilt für das Zunftwesen in den Städten. Und überall gab es den Ämterkauf, überall herrschte die Bestechlichkeit. Wenn wir heute, bei immer neuen Skandalen, manchmal mit Seufzen zurückblicken und sagen: »Das hätte es in Preußen nicht gegeben!« – dann kann vielleicht das 19. Jahrhundert, aber jedenfalls nicht die Zeit des Soldatenkönigs gemeint sein. Friedrich Wilhelm hat den Anfang gemacht, aber bis zum Ziel war es noch ein weiter Weg.

Die preußische Erziehungsrevolution stellte darum ganz unerhörte Anforderungen an den Mann, der sie ins Werk setzte. Nur mit angespanntester Arbeit, mit dem Lebenseinsatz der ganzen Person ließ sie sich voranbringen. An seinen Freund, den Fürsten Leopold von Anhalt-Dessau, den »Alten Dessauer«, der zugleich der Exerziermeister seiner Armee war, schrieb der König einmal: »Parol' auf dieser Welt ist nichts als Müh' und Arbeit.« Man könnte das ein preußisches Staats- oder Königsmotto nennen.

Entsprechend seufzten die Untertanen. Ständig wurden sie mit neuen Vorschriften überschüttet. Niemals oder nur heimlich, mit schlechtem Gewissen, durfte man sich auf die faule Haut legen oder nach Herzenslust prassen; immer sollte man etwas, immer noch mehr leisten. Und fast niemals zeigte Seine Majestät sich zufrieden, stets mußte man mit mißtrauischen Inspektionen, bohrenden Fragen, wenn nicht gar mit wilden Wutausbrüchen rechnen. Der Berliner Volksmund erfand darum seinen eigenen Wahlspruch, das Gegenstück zum Königsmotto: »Preuße zu sein ist eine Ehre, aber kein Vergnügen.«

Friedrich Wilhelm I. bricht mit den altehrwürdigen Vorstellungen vom geheiligten Herrscher, ebenso mit seiner zeitgenössischen Darstellung in der repräsentativen Prachtentfaltung. Der König soll als »Amtmann« oder, nach dem berühmten Wort Friedrichs des Großen, als »der erste Diener seines Staates« die Arbeit leisten, die ihm auferlegt ist. Etwas sehr Modernes wird an dieser Auffassung sichtbar, im Grunde schon der Leistungsmaßstab, wie er sich im Konkurrenzgefüge der neuzeitlichen Bürgergesellschaft entwickelt.

Der »Soldatenkönig« Friedrich Wilhelm I., der große
und gestrenge Erzieher zu Sparsamkeit und Pflichterfüllung, wie ihn Georg Wenzeslaus von Knobelsdorff
im Jahre 1737 gemalt hat.

Überhaupt ist etwas Bürgerliches an diesem König von Preußen, angefangen beim persönlichen Lebensstil. Zu den Vergnügungen, die er sich gönnt, gehört neben der Jagd das Tabakskollegium, das heißt das Männergespräch beim Bier, von aller Etikette befreit, wie es an jedem Stammtisch sich entfaltet, vom Gelächter überdröhnt. Die Tugenden, die der König vorlebt und durchsetzen will, stammen ohnehin aus einer Bürgergesellschaft, die in ihrem Kern weit stärker republikanisch als monarchisch geprägt ist. »Le roi citoyen«, ein Bürgerkönig: Friedrich Wilhelm hat sich selbst manchmal als »wahren Republikaner« bezeichnet.

Das schließt die autokratischen, um nicht zu sagen tyrannischen Züge und eine Abart von Schreckensherrschaft keineswegs aus, sondern ein – wie sie später ja auch oder erst recht zur Geschichte der großen Bürgerrevolution in Frankreich gehören. Jede Erziehungsdiktatur entwickelt nun einmal den Ehrgeiz, einen »neuen Menschen« zu schaffen, und sei es mit der Guillotine oder dem Archipel Gulag, während zugleich die Begeisterung eingefordert wird. So gesehen nimmt der königliche Tyrann sich noch milde aus, wenn er von den Untertanen verlangt, daß sie ihn lieben sollen, selbst wenn er mit der Zuchtrute seiner Anordnungen oder mit dem Krückstock auf sie einschlägt.

Der König, der eigentlich ein Bürger sein und Bürgertugenden durchsetzen will, der sich dennoch zur Alleinherrschaft berufen sieht und niemandem Rechenschaft schuldet außer Gott: ein faszinierend widersprüchlicher Sachverhalt. Und dazu paßt dann, dazu gehört wohl eine seltsam zerrissene Persönlichkeit. Friedrich Wilhelm wurde von seinem Sendungsbewußtsein geleitet – und von Gewissensnöten, Selbstzweifeln, Minderwertigkeitsgefühlen geplagt. »Gott weiß, wie geringe oponion ich von mir immer gehabt«, schrieb er an den Dessauer Freund, als er dem Tode nahe war und auf sein Leben zurückblickte. Aber gleich daneben stand dann wieder die Selbstherrlichkeit; auf dem Sterbebett ließ der fromme Soldat und Amtmann Gottes sich einen Choral vorsingen, das Lied von Paul Gerhardt: »Warum sollt ich mich denn grämen? Hab ich doch Christum noch...« Im zweiten Vers heißt es:

> »Nackend lag ich auf dem Boden,
> da ich kam, da ich nahm
> meinen ersten Odem.
> Nackend werd ich auch hinziehen ... «

Bei diesen Worten richtete die schmerzgeplagte Majestät sich auf: »Was heißt nackend? Ich komme in Montur!«

Nach einem vergoldeten Schnitzwerk in der ehemaligen Kleinodienkammer des Berliner Schlosses von Adolph von Menzel gezeichnet: Krone, Zepter und Schwarzer Adlerorden als Symbole des preußischen Königtums.

Kinder zu erziehen ist so schwierig wie notwendig. Kein Lebewesen kommt unfertiger auf die Welt als der Mensch. Vom Gehen und Sprechen bis zum Umgang mit anderen muß er fast alles erst lernen, was ihm seine Umwelt erschließt. Darum ist seine Kindheit so wichtig, und darum dauert sie so lange.

Unsere Vorstellungen von der Kindererziehung sind selbst von Erziehung geprägt. Sie werden vom Zeitgeist beherrscht. Darum wissen wir genau, wie man mit Kindern umgehen sollte, jedenfalls solange es sich nicht um die eigenen, sondern um fremde Kinder handelt. Was die Nachbarn, die Kindergärten, die Schulen zu tun und zu lassen haben, ist uns klar. Um so ärgerlicher nimmt sich aus, was sie wirklich tun.

Zu den unumstrittenen Vorstellungen unseres Zeitalters gehört, daß Kinder Liebe brauchen. Längst ehe Worte etwas vermögen, sagt die Liebe dem jungen Erdenbürger: Du bist willkommen, und du wirst beschützt. Diese Liebe darf sich nicht beirren lassen. Sie soll weder von den äußeren Umständen noch von Launen abhängig sein – wie der Apostel Paulus gesagt hat: »Die Liebe ist langmütig und freundlich, die Liebe eifert nicht, die Liebe treibt nicht Mutwillen, sie bläht sich nicht, sie stellt sich nicht ungebärdig, sie suchet nicht das Ihre, sie läßt sich nicht erbittern, sie rechnet das Böse nicht zu.« Ebenso wichtig ist von Anbeginn das Unverwechselbare, die Vertrautheit mit dem Leib, dem Lächeln, dem Zu-Reden der Mutter oder einer anderen Bezugsperson. Aus solcher Vertrautheit wächst das Urvertrauen des Kindes zu sich und zu seiner Umwelt, das noch den Erwachsenen trägt und ihn durch die Wechselfälle seines Lebens bis ins Alter geleitet.

Natürlich handelt es sich um ein Ideal, das die Wirklichkeit nie ganz erreicht. Aber das Ideal setzt den Maßstab. Es sagt uns, daß Kinder leiden, wenn die Eltern sich entzweien und scheiden lassen oder keine Zeit finden, um mit ihnen zu spielen. Es sagt, daß Kinder nicht geschlagen und nicht zur Arbeit gezwungen werden dürfen, weil sie zu ihrer Entfaltung den Freiraum zum Spielen brauchen. (Widersprüchlich genug nehmen wir freilich den Schulzwang und die Schularbeit aus.) Mit den Maßstäben der Liebe und des Spiels ehern gerüstet, erklären Gutachter den Gerichten und uns, warum ein junges Leben entgleiste und den Drogen oder der Gewalt verfiel.

Die Frage ist allerdings, wie weit die Vorstellungen und Maßstäbe der Gegenwart in die Vergangenheit hinein tragen. Weil es ums Nahe, das persönlich Berührende und immer auch um die eigene Lebenserfahrung geht, denken wir vielleicht auf keinem Gebiet so ungeschichtlich wie auf dem der Kindererziehung. Verwirrung stellt sich ein, Empörung springt auf, und das Verstehen fällt schwer, wenn wir an Verhältnisse geraten, die sich von den eigenen wesentlich unterscheiden oder die historisch weit entfernt sind. Wie aber finden wir eine Orientierung, wenn wir uns um beinahe drei Jahrhunderte zurückversetzen sollen, noch dazu ins höfische Leben und in die Familie des Soldatenkönigs? Eine behutsame Annäherung scheint geboten, damit wir das Ziel nicht verfehlen.

Um zunächst noch von der Empörung und von der Verwirrung zu reden: Wenn wir uns heute über die Kinderarbeit in Armutszonen der »Dritten Welt« entrüsten, dann vergessen wir oft, wie es hierzulande einmal aussah. In der »vormodernen« Gesellschaft, in der die große Mehrheit der Menschen auf dem Lande und von der Landwirtschaft lebte, war es selbstverständlich, daß die Kinder – wie die Alten – mitarbeiten mußten, sobald sie nur konnten. Sie wurden im Hause, beim Betreuen der kleinen Geschwister, im Gemüsegarten, im Stall, auf dem Feld bei der Ernte oder beim Schweine- und Kühehüten ebenso gebraucht wie im Winter am Webstuhl.

Das aufkommende Manufaktur- und Fabrikwesen hat also die Kinderarbeit nicht geschaffen, sondern vorgefunden und übernommen; erst allmählich und sehr mühsam Schritt um Schritt ist sie von wohlmeinenden Schutzbestimmungen und staatlichen Inspektoren zurückgedrängt worden.

Ein Beispiel mag zur Anschauung dienen. Im 19. Jahrhundert waren die Neuruppiner Bilderbogen, »zu haben bei Gustav Kühn«, weit über die Grenzen Deutschlands berühmt, sozusagen als Markenartikel der Unterhaltung und anschaulichen Bildung. In seinen »Wanderungen durch die Mark Brandenburg« hat Theodor Fontane sie mit dem gebührenden Lokalpatriotismus gefeiert.

Gewiß haben solche Bilderbogen auch oder gerade die Kinder entzückt und ihre Phantasie beflügelt, wie heute die Comics oder Walt Disneys Fernsehserien. Aber sogar Gustav Kühn fand seine Nachahmer, die bald zu Konkurrenten aufrückten, und nüchtern betrachtet handelte es sich um ein hartes Gewerbe. Bei der Hand- und Heimarbeit des Kolorierens wurden Kinder beschäftigt, meist in Gruppen in eigens eingerichteten Kolorierstuben, um sie besser unter Aufsicht zu haben. In einem Bericht aus dem Jahre 1890 stellte der Landrat von dem Knesebeck fest, daß die Kinder morgens von sechs bis acht Uhr, mittags von elf bis zwölf und am Nachmittag von ein bis sieben Uhr beschäftigt würden. Neun Stunden pro Tag, die Schulzeit und die Schularbeiten nicht gerechnet! Aber der Herr Landrat erklärte, »daß die Kinder durch eine derart ausgedehnte Arbeitszeit zwar überbürdet« seien, »doch hat die Polizeiverwaltung keinen Grund zum Einschreiten gehabt, da die Kinder seither regelmäßig die Schule besucht haben«. Besonders geschickte Kinder brachten es im Akkord auf fünf Pfennige pro Stunde; die meisten verdienten weniger.

Das Beispiel liegt nur um ein Jahrhundert zurück. Und wie die Arbeit, so das Strafen. Der Schulmeister, der die Kinder mit dem Rohrstock regierte, setzte auf seine Weise bloß fort, was in den Elternhäusern alltäglich war. Um unser modernes Ideal halbwegs in Geltung zu setzen, braucht man offenbar ein Mindestmaß an Wohlstand und dazu noch einen Gefühlshaushalt der Intimität, der sich durchaus nicht von selbst versteht. Zu seinen Voraussetzungen gehört eine Lebensordnung, die eine versachlichte, rationell organisierte Arbeitswelt von der Familie scheidet, die im Schutz ihrer privaten vier Wände auf Liebe gegründet sein soll. Erst in dieser Polarisierung, in der Entfernung und Entlastung vom Beruf, läßt sich die Kindheit als ein Eigenraum entdecken und mit Ansprüchen auf Geborgenheit und Zuwendung befrachten. Gemeinhin sprechen wir von der modernen Bürgergesellschaft und der bürgerlichen Familie. Sie jedenfalls setzt die Maßstäbe. Ob denen allerdings die »postmoderne« Zukunft gehört, steht in den Sternen. Vorläufig wird ihr Verfall um so heftiger beklagt, je weniger ein Ersatz in Sicht ist.

Daß es sich um historische und vielleicht einmalige Bedingungen handelt, wird auch oder erst recht erkennbar, wenn man in der vormodernen Gesellschaft die führende Schicht oder den oberen Stand, den Adel, betrachtet. Typischerweise verfügt der Herr Baron oder Herr Graf über einen mehr oder minder großen Grundbesitz, und als Gutsherr ist er nicht nur der Leiter eines Wirtschaftsbetriebes, sondern ein »König im kleinen«, der patriarchalisch seine Dorfleute regiert. Aber schon zum Gutshaushalt im engeren Sinne gehört ein vielköpfiges Personal von Dienern und Dienstmädchen, Köchinnen und Kutschern, Gärtnern und Gehilfen, oft auch Verwaltern oder Beschließerinnen. Zu ihnen gesellen sich für die Kinder die Kindermädchen, später die Erzieher oder Erzieherinnen, die Hauslehrer. All diese Menschen schieben sich mehr oder minder ins »Familienleben« und wie selbstverständlich zwischen Eltern und Kinder ein. Daraus entsteht ein Abstand, wie ihn Marion Gräfin Dönhoff in ihrem Buch »Kindheit in Ostpreußen« schildert:

»Meinen Vater habe ich kaum gekannt ... Am stärksten hat sich mir von ihm ein Bild eingeprägt, das sich an vielen winterlichen Abenden bot. Sein Arbeitszimmer war das letzte einer langen Flucht von Räumen, die die gesamte Länge der zum Park hingewandten Seite des etwa neunzig Meter langen Schlosses einnahm. Da die Türen von einem Raum zum anderen stets offen standen, konnte man ihn dort, in großer Entfernung, von seiner Lampe beschienen am Schreibtisch sitzen sehen. Es war, als sähe man einen lichten Punkt am Ende eines langen, dunklen Tunnels.«

Ein wahrhaft symbolträchtiges Bild. Und bei der Mutter war es in der Regel kaum anders. Denn auch sie regierte als Gutsherrin ein großes Haus und auf ihre Weise das Dorf. Es ist kein Zufall, daß in Kindheitsberichten als Gefährten meist die Geschwister und als Freunde und Vertraute die Kutscher und Diener, ein Hausmädchen oder die Mamsell genannt werden; von ihren Welten ist wie von Pferden und Hunden durchweg die Rede, wenn von einer glücklichen Kindheit erzählt wird. Aber die Eltern treten nur selten auf. Dazu fügt sich dann die noch etwas ältere und distanziertere Anrede mit »Er, Herr Vater« oder »Sie, Frau Mutter« statt »Pappi« und »Mammi« oder gar mit dem Vornamen.

Natürlich trat der Abstand um so stärker hervor, je größer der Besitz war. Mit ihm und mit dem Einkommen aus hohen Staatsämtern weitete sich das Gutshaus zum Schloß, und entsprechend mehr Menschen wurden gebraucht. In seinen »Erinnerungen eines alten Ostpreußen« zählt Alexander zu Dohna für das Schloß Schlobitten vor dem Ersten Weltkrieg vom Haushofmeister bis zu den Lehrlingen 33, in den Notzeiten danach immer noch 17 Personen.

Als ein Freund Kaiser Wilhelms II. war der Großvater dieses Dohna am 1. Januar 1900 vom Grafen- in den Fürstenstand erhoben worden – zu seiner eigenen Genugtuung und zum Spott seiner Vettern. »Der arme Richard, wie soll er das bezahlen«, hieß es. Oder: »Der erste Parvenü in unserer Familie.« Denn es handelte sich um einen inhaltsleeren Titel; erbliches Mitglied des preußischen Herrenhauses, Mitglied des Reichstages und Vorsitzender des ostpreußischen Provinziallandtages war dieser Dohna ohnehin schon. Schaut man dagegen auf die wirklich regierenden Fürsten, von denen es bis 1918 in Deutschland immerhin 22 und in älterer Zeit noch viel mehr gab, dann vervielfacht sich das Personal, von den Oberhof- und Zeremonienmeistern über die zivilen Kammer-

In Rheinsberg verbrachte Kronprinz Friedrich vier
Jahre, Prinz Heinrich fast ein halbes Jahrhundert. B. Schwarz
zeigt das Schloß am märkischen Grienericksee und
zu seiner Seite das von Heinrich erbaute Theater um 1795.

wohnt hat, ist er verhältnismäßig ein Fremder. Natürlich, man
kennt ihn, aber man weiß wenig von ihm. Einige von den
Alten entsinnen sich seiner, erzählen dies oder das, aber die
lebende Generation lernt Geschichte wie wir, das heißt liest
lange Kapitel vom Kronprinzen Friedrich und seinem Rheinsberger Aufenthalt, und hat sich daran gewöhnt, den Konzert-
saal und das Studierzimmer als die alleinigen Sehenswürdig-
keiten des Schlosses anzusehen. Die Zimmer des Prinzen
Heinrich, Prinz Heinrich selbst, alles ist bloße Zugabe. Das
harte Los, das dem Prinzen bei Lebzeiten zufiel, das Ge-
schick, ›durch ein helleres Licht verdunkelt zu werden‹, ver-
folgt ihn auch im Tode noch. An derselben Stelle, wo er durch
zwei Menschenalter gelebt und geherrscht, geschaffen und gestiftet hat, ist er ein halb Vergessener, bloß weil der Stern seines Bruders ebendaselbst geleuchtet.«

Fontane versucht eine Erklärung, die Schriftstellerantwort:
»Dem Prinzen hat der Dichter bis zu dieser Stunde gefehlt.«

Das ist wahr, und es gilt noch heute. Aber warum? Dem ohnehin schon bekannten Zieten, den er erwähnt, hat Fontane selbst mit dem volkstümlichen Gedicht beigestanden, das Generationen von Schulkindern auswendig lernten:

> »Joachim Hans von Zieten,
> Husarengeneral,
> dem Feind die Stirne bieten –
> er tat's wohl hundert Mal...

Warum also hat der große Erzähler aus der Grafschaft Ruppin so wenig für Heinrich getan? Vielleicht muß man einen Teil der Antwort so formulieren: Dieser Prinz stört unsere Rheinsberger Vorstellungen, und darum verdrängen wir ihn. Er paßt nicht ins heitere Bild, er läßt unser Lächeln gefrieren. Denn zu seinem Leben am Grienericksee gehört etwas – nein, sehr viel von der Bitterkeit eines Exils. Doch bevor wir in einem zeitlichen Rückgriff von Friedrichs Kronprinzenzeit und dann von Heinrichs Hofhaltung reden, sollten wir erst einmal den verwunschenen Ort näher kennenlernen.

Die früheste Urkunde, die Rheinsberg erwähnt, stammt aus dem Jahre 1291. Die heutige Schreibweise gibt es allerdings noch nicht, und im Laufe der Zeiten werden viele Spielarten durchprobiert: Rynnsperg, Rynesberg, Rinsspergh, Reinperg... Man vermutet, daß die ersten Siedler vom Niederrhein stammten und den Namen mitbrachten. Mit dem deutschen Schicksalsstrom kann freilich das Flüßchen Rhin nicht ganz mithalten. Es entspringt im Seengebiet nördlich von Rheinsberg, sucht seinen Weg nach Süden und mündet nach 105, inzwischen meist kanalisierten Kilometern in die Havel. Wer aber mit Ausflugsschiffen, mit der »Remusberg« oder der neueren, sehr leise dahingleitenden »Rheinsberg« die Seenkette befährt, besser noch sie im eigenen Boot durchwandert, vielleicht bis ins Mecklenburgische hinauf, sieht mindestens so eindrucksvolle Landschaftsbilder wie im Westen zwischen Bingen und Bonn. Er muß nur die Stille und Weite statt der Felsengesänge, der Eile und Geschäftigkeit zu schätzen wissen – und manchmal unter Brücken den Kopf einziehen.

die Verfassung Englands zu wählen, so würde ich sagen, daß diese mir die vollkommenste aller Verfassungen zu sein scheint. Sie hat den Vorteil, daß, wenn wie in allen menschlichen Einrichtungen ein Fehler festgestellt wird, man ihn korrigieren und für die Herstellung des Gleichgewichts zwischen dem Souverän und seinen Untertanen solch gute Gesetze machen kann, daß weder er noch sie jemals die dem anderen zugestandenen Rechte schmälern.«

Etwas weiter heißt es: »Bis jetzt sind die Franzosen die wahren Verbündeten der Vereinigten Staaten von Amerika. Es will mir scheinen, als ob nichts von größerer Bedeutung bei Ihnen ohne die Zustimmung dieses Verbündeten geschehen könnte.« Ein höchst diplomatisches Schreiben: Einerseits gibt Heinrich keine Zustimmung. Andererseits lobt er die englische Verfassung, bei deren Einführung tatsächlich jemand das Amt des Königs oder des Erbstatthalters übernehmen mußte. Ähnlich kann man den Hinweis auf die Franzosen deuten; bei dem Ansehen, das er bei ihnen genoß, durfte Heinrich annehmen, daß sie seine Kandidatur unterstützen würden.

Natürlich ist aus alledem nichts geworden; ohnehin sprengt das Bild des alternden, kinderlosen Preußenprinzen mit seinen französischen Neigungen als »König von Amerika« jedes Vorstellungsvermögen. Aber unwillkürlich erinnert man sich an die polnische Anfrage aus dem Jahre 1764 oder an die Phantasien der Zarin Katharina. »Beinahe ein König« heißt ein Buch von Hellmuth von Ulmann über »das seltsame Leben des Prinzen Heinrich von Preußen, Bruder Friedrichs des Großen«. Doch eben beinahe nur.

Was blieb, nachdem Rheinsberg zum Exil geworden war? Womöglich noch ein anderes, viel weiter von Potsdam und Berlin entferntes Exil. Mit der verlorenen Hoffnung im Gepäck, in Preußen jemals wieder eine Rolle zu spielen, begann Heinrich im Herbst 1788 seine zweite Reise nach Frankreich. Wieder wurde er glänzend empfangen, Hoffnung keimte noch einmal, und der Plan entstand, in oder bei Paris einen Wohnsitz zu erwerben, um dort die Altersjahre als ein endlich freier Mann zu genießen.

Indessen erschien im Januar 1789 in Paris, zunächst anonym, die »Geheime Geschichte des Berliner Hofes«, weithin eine Skandalchronik, die auch den Prinzen nach Kräften verleumdete. Die Aufregung war groß, die Regierung verbot die Schrift; als Verfasser wurde Graf Mirabeau entdeckt und unter Anklage gestellt. Heinrich blieb gelassen – und genoß die noch höheren, demonstrativen Gunstbeweise, die ihm von allen Seiten zuströmten, um ihm über seine vermeintlich verletzten Gefühle hinwegzuhelfen. Aber im Grunde gehörte die Affäre schon zu den Vorboten der Revolution, in der Mirabeau bis zu seinem frühen Tod im April 1791 eine führende Rolle übernahm. Heinrich wäre gern geblieben, um die Ereignisse zu beobachten. Doch seine Freunde drängten ihn zur Abreise. So kehrte er im Frühjahr 1789 in das stille märkische Schloß am Grienericksee zurück.

Im Jahre 1791 hat Heinrich seinem Schicksalsverhältnis zu Friedrich ein eigenes Denkmal gesetzt. Den heutigen Besuchern von Rheinsberg mag es kaum als wichtig, als pure Dekoration und vom Schloß her als ein bloßer Blickfang erscheinen. Aber bei den Kleingeistern hat es Aufregung verursacht, bis in unser Jahrhundert hinein. Heinrichs amerikanischer Biograph Chester V. Easum nennt es ein »unseliges Gedächtnismal« und ein »abstoßendes Selbstporträt«.

Wer aber die Abgründe der Bruderbeziehung verstehen will, sollte Fontane vertrauen und mit ihm ums Seeufer wandern: »Vielleicht die größte Sehenswürdigkeit Rheinsbergs ist der Obelisk, der sich, gegenüber dem Schlosse, ... auf einem zwischen dem Park und dem Boberowwalde gelegenen Hügel erhebt.«

Heinrich hat den Obelisken seinem von Friedrich in die Unehre verstoßenen, in ihr verstorbenen Bruder geweiht, »dem ewigen Gedenken an August Wilhelm, Prinzen von Preußen, zweiten Sohn des Königs Friedrich Wilhelm«. Oder wie es in Heinrichs Sprache heißt:

»A l'eternelle memoire d'Auguste Guillaume,
Prince de Prusse, second fils du roi Frédéric Guillaume.«

Ein Denkmal des Grolls: der Obelisk von Rheinsberg. Heinrich
widmete ihn nicht Friedrich, sondern dem von ihm verstoßenen
Bruder August Wilhelm und anderen, nach Heinrichs
Meinung ungerecht behandelten preußischen Kriegshelden.

Den Obelisken hat man inzwischen restauriert. Leider fehlen noch die 28 Medaillons, die die historische Bedeutung
und den demonstrativen Charakter des Denkmals erst sichtbar machen. Jedes Medaillon ist einem preußischen Kriegshelden gewidmet, so daß August Wilhelm gewissermaßen
zum ersten dieser Helden verklärt wird. Neben bekannten
Generälen wie Seydlitz oder Zieten treten Offiziere ins Bild,
die durch Friedrich Ungnade und Zurücksetzung erfuhren
oder sonst auf die eine oder andere Weise zu seinem Ruhm
nicht passen; nur drei Beispiele seien genannt. Von Schwerin
heißt es: »Am 11. April 1741 gewann er die Schlacht bei Moll-
witz« – denn aus der ließ Friedrich sich als das noch unerfah-

rene »Büblein« fortschicken. Von Keith wird gesagt: »Getötet beim Überfall von Hochkirch, 1758.« Denn dieser Überfall war Friedrichs Leichtsinn zuzurechnen. Oder Wobersnow: »Die Schlacht von Kay wurde gegen seinen Rat geschlagen; die Preußen verloren sie, und er starb als Held.« Ausgeschlossen blieb dagegen, wer nach Heinrichs Meinung ungerecht bevorzugt wurde, zum Beispiel Friedrichs Lieblingsgeneral Winterfeldt. Und ausgeschlossen blieb auch Friedrich.

Die Einweihung des Obelisken fand am 4. Juli 1791 statt. »Sie war«, schreibt Fontane, »militärische Feier und Volksfest zugleich. Aus allen Dörfern und Städten der Grafschaft war man zu Tausenden herbeigekommen und umstand entweder das Ufer des Sees oder war von zahllosen in seiner Mitte liegenden Booten aus Zeuge des Schauspiels. Das schönste Sommerwetter begünstigte das Fest. Um das Denkmal her gruppierten sich Hunderte von Offizieren, alte und junge, solche, die ›die große Zeit‹ noch miterlebt hatten oder Anverwandte jener, deren die Medailloninschriften gedachten. An die Feier der Enthüllung schloß sich dann, in den Sälen des Schlosses, ein glänzendes Bankett, bei dem der Prinz eine längere, wohlausgearbeitete Rede hielt. Auch bei dieser Gelegenheit in französischer Sprache. Fast scheint es, als ob er der deutschen Sprache nicht mächtig gewesen sei, was als wunderbares Resultat einer Erziehung gelten mag, die nur das Deutsche gewollt und alles Französische verpönt hatte.«

In seiner Rede erklärte Heinrich zwar diplomatisch, aber für aufmerksame Hörer sehr deutlich, worum es ihm ging: »Allen Bewohnern der Städte und des Landes, die in diesem Kriege die Waffen trugen, gebührt ein gleiches Recht an den Trophäen und Palmen des Sieges. Unter der Leitung ihrer Anführer weihten sie ihre Arme und ihr Blut dem Vaterland. Sie haben es mit Mut und Kraft aufrechterhalten und verteidigt. Unsere Absicht ist, der preußischen Armee ein Zeugnis unserer Dankbarkeit darzulegen. Den Eingebungen unseres Herzens folgend, wollen wir Beweise der Hochachtung besonders denen geben, die wir persönlich kannten. – Aber warum vermißt man Friedrich unter der Zahl dieser berühmten Namen? Die vom König selbst geschriebene Geschichte seines Lebens, die Lobschriften auf ihn nach seinem Tode, ließen mir nichts zu sagen übrig, wogegen große, mehr in der Dunkelheit geleistete Dienste seitens dieser Lobschriften nicht der Vergessenheit entzogen wurden, vielleicht nicht entzogen werden konnten. Denn die Zeit löscht alle Eindrücke aus, und der nachfolgenden Generation fehlen aus der vorhergehenden die Zeugen der Taten. Das Andenken schwindet, die Namen gehen verloren, und die Geschichte bleibt nur ein unvollkommener Entwurf, oft aus Trägheit und Schmeichelei zusammengefügt.« Den letzten Satz sollte man zweimal lesen. Er könnte auf einem Gedenkstein des Mannes stehen, der ihn entworfen hat. Er selbst hat 1796 gesagt: »Ich habe meine Pflicht getan; und eines Tages, wenn alles bekannt ist und ich nicht mehr bin, soll Preußen mein Richter sein.« Ach, besser nicht: Einmal mehr haben die Trägheit und die Schmeichelei triumphiert.

Das Jahr 1791 sah noch anderes. Ein Strom von Revolutionsflüchtlingen ergoß sich von Frankreich nach Deutschland, und nicht wenige kamen nach Rheinsberg. Zwar hat Heinrich stets den Emigranten widersprochen, die die Revolution rückgängig machen wollten. Erst recht und natürlich vergeblich hat er das konservative Europa vor dem Krieg gegen Frankreich gewarnt, der die Revolution ins Radikale trieb. Aber um so herzlicher nahm der Prinz die Flüchtlinge auf und setzte alle seine Mittel ein, um ihnen über den Verlust der Heimat hinwegzuhelfen.

Aus den bitteren Erfahrungen unseres Jahrhunderts wissen wir, wie wenig es sich von selbst versteht, daß die Ankömmlinge aus der Fremde willkommen sind, wenn sie wenig mehr als ihr Leben gerettet haben. In Brandenburg-Preußen gab es dafür eine bewundernswerte Tradition, die der Große Kurfürst begründete, als er im Jahre 1685 mit dem Edikt von Potsdam die Glaubensflüchtlinge aus Frankreich, die Hugenotten, in sein armes Land einlud. Niemand kann sagen, ob Prinz Heinrich sich den Urgroßvater zum Vorbild nahm, aber er war seiner würdig.

Zu denen, die in Rheinsberg Aufnahme fanden, gehörten die Marquise de Sabran, deren Salon in Paris Heinrich oft besucht hatte, und der Herzog von Nivernais. Der Franzose Pierre le Bauld de Nans wurde sogar Bürgermeister von Rheinsberg. Es kamen auch Schauspieler, die das Theater bereicherten. Und es kam, 1794, der junge Graf La Roche-Aymon, von dem noch zu reden sein wird. Diese Flüchtlinge brachten neue Farben ins bescheidene Hofleben, und fast nahm der kleine brandenburgische Ort jetzt die Züge jener Exil-Residenz an, von der Heinrich bei seiner zweiten Reise nach Frankreich geträumt hatte.

Noch für ein Jahrzehnt hat der Prinz gelebt. Nach kurzer Krankheit starb er am 3. August 1802. Er wurde in der Ziegelpyramide beigesetzt, die er selbst entworfen hatte. Ihre stumpfe, wie abgebrochen wirkende Spitze sollte von einem unvollkommenen Leben sprechen. Auch die Grabinschrift hat Heinrich selbst verfaßt. Ihre Sprache mag uns heute in der deutschen Übersetzung so fremd sein wie im französischen Original. Aber wer nur genau genug und zwischen den Zeilen liest, erkennt die Umrisse eines Lebens, das zu Großem berufen und doch dazu bestimmt war, in den Schatten zu sinken:

»Geworfen durch seine Geburt in die Wirbel eitlen Dunstes,
die der Gewöhnliche nennt
Ruhm und Größe,
die aber der Weise als nichtig erkennt;
allen Übeln des Menschlichen ausgesetzt,
gefoltert von den Leidenschaften anderer
und erregt durch die eigenen;
oft Ziel der Verleumdung
oder ein Opfer der Ungerechtigkeit;
zu alledem gebeugt durch den Tod
geliebter Angehöriger
und treuer guter Freunde;
doch oft auch durch die Freundschaft getröstet,
glücklich in der Abgeschiedenheit seiner Gedanken
und glücklicher noch,

Ziegelpyramide im Park zu Rheinsberg: Das
Grabmal des Prinzen Heinrich mit der von ihm
selbst verfaßten Gedenkinschrift.

wenn seine Dienste dem Vaterland nützlich sein konnten
oder der leidenden Menschheit.
Dies ist der Lebensabriß von
FRIEDRICH HEINRICH LUDWIG
Sohn von Friedrich Wilhelm, König von Preußen.
und von Sophie-Dorothea,
Tochter von Georg I., König von Großbritannien.
Wanderer,
denke daran, daß es auf Erden keine Vollkommenheit gibt.
Wenn ich nicht der beste der Menschen sein konnte,
gehöre ich doch nicht zu der Zahl der Bösen.
Das Lob und der Tadel
berühren den nicht mehr,
der in der Ewigkeit ruht.
Aber süße Hoffnung
verschont die letzten Augenblicke
dem, der seine Pflicht getan hat;
sie begleitet mich im Sterben.
Geboren am 18. Januar 1726.
Verschieden am 3. August 1802.

Vom preußischen Unglück und der Sehnsucht nach Liebe

»Ich bin mein Leben lang unglücklich und nur in Rheinsberg glücklich gewesen«: Dieses Selbstzeugnis Friedrichs trifft in seinem ersten Teil gewiß zu. Am zweiten sind, wie schon geschildert, Zweifel erlaubt; der brennende Ehrgeiz, die Ungeduld vor dem Rendezvous mit dem Ruhm durchtränkte und zersetzte die Rheinsberger Idylle.

Wahr aber bleibt, daß Friedrich von seinen Anlagen her keineswegs zur Gefühlskälte oder Herzensversteinerung bestimmt war. Die Empfindsamkeit oder Weichheit, für die der Junge vom Vater verachtet und geprügelt wurde und die so viele Beobachter für einen Wesenszug des Kronprinzen hielten, war keine Verstellung, sondern Natur, und wie je nur ein Mensch sehnte er sich nach Freundschaft und Liebe.

Das läßt sich vielfach belegen, zum Beispiel aus seinem Verhältnis zu dem Kammerdiener Michael Gabriel Fredersdorf. Ein modernes Lexikon sagt von ihm so knapp wie ausdeutbar, daß er Friedrichs Vertrauen »in einzigartiger Weise« besaß. Voltaire, nachdem er 1753 Potsdam fluchtartig verließ, hat ein böses Pamphlet verfaßt, in dem er mit unmißverständlichen Zweideutigkeiten auf die königliche Neigung zu gutgewachsenen Offizieren, zu jungen Pagen oder einer Ballerina wegen ihrer männlich wirkenden Beine anspielt. Fredersdorf wird indessen als das »grand factotum« verhöhnt, das »dem König auf mehr als eine Weise gedient« habe.

Aber muß man der Bosheit nachgeben? Oder peinlich berührt wegschauen? Etwa weil es sich um einen Mann handelte, der noch dazu aus einfachen Verhältnissen stammte? Fredersdorf selbst hat die Liebe des Königs mit lebenslanger Treue, mit Verschwiegenheit und, solange er konnte, mit umsichtiger Verwaltung vergolten.

Zu den schönsten Lebenszeugnissen, die wir von Friedrich besitzen, gehören jedenfalls seine Briefe an Fredersdorf. Dem Empfänger angemessen sind sie nicht in kunstreich stilisiertem Französisch, sondern mit eigenwilliger Rechtschreibung in schlichtem Deutsch gehalten. Um so anrührender wirken sie, und ihr Grundton ist Zärtlichkeit. Als Fredersdorf erkrankt, schreibt Friedrich:

»ich habe gemeinet, du häst mihr lieb und wirst mihr nicht den chagrin [Kummer, Ärger] machen, Dihr umbs leben zu bringen. nun weis ich nicht, was ich davon halten sol! glaube, daß ich es recht guht mit Dihr meine, und daß Dihr in der Diet und gebrauch der Mitel nichts vorgeschrieben wirdt, als was zur erlangung deiner Gesundheit nothwendisch ist. ich bite Dihr, folge doch hübsch und erinnre Dihr, daß du mihr heilich versprochen hast... Du Könst Dihr auf mihr verlassen, daß ich nicht mehr Sorge vohr mihr haben könte, wann ich krank wäre als vohr Dihr!«

Ein andermal heißt es: »Es thuet mihr recht leit, daß das Fiber Dihr noch nicht verlassen wil. ich wolte es Dihr gerne abnehmen! ich Sitze dem Cothenius [dem Arzt] So viel auf den hals, als Möglich... ich küsse den Docter, wann er Dihr gesundt macht!«

Und nochmals: »wohr [wenn] heüte Mittag die Sone Scheint, So werde ich ausreiten. Kome doch am fenster, ich wolte Dihr gerne sehen! aber das fenster mus feste zu-bleiben; un in der Camer mus stark feüer Seindt! ich Wünsche von hertzen, das es sich von tagezu-tage mit Dihr besseren Möhge. gestern habe ich Deine besserung Celebriret mit 2 buteillen ungerschen wein. Carel [ein Page] hat vohr Kitzelln gequipt...«

Trotz Friedrichs Fürsorge starb Fredersdorf 1758. Und noch früher, schon 1745 starben die Freunde aus der Rheinsberger Zeit, Charles Etienne Jordan und Dietrich von Keyserlingk.

Wie Friedrich auf solche Verluste reagierte, zeigen wieder und wieder seine Briefe. Ein Beispiel sei noch angeführt: »Man ist nur glücklich auf der Welt, wenn man sich beschäftigt. Ich habe alle meine Freunde und alten Bekannten verloren und finde nur im Studium und in der Arbeit Trost. Man muß lernen, sich selbst zu genügen und die Welt entbehren zu können. Das ist hart, aber anders wüßte ich mir mein Leben nicht erträglich zu machen.«

Arbeit als Ablenkung, als Betäubung – darin dem Verseschmieden verwandt –, um die Welt, das heißt Menschen entbehren zu können! Mit dem zugehörigen Pathos kann man dann von der niemals nachlassenden Leistungsbereitschaft sprechen, von der Pflichterfüllung im Dienste des Staates bis in den Tod. Generationen von Ruhmrednern haben das getan und sie zur Größe, ins Heldische, gar zur preußisch-deutschen Wesensbestimmung verklärt. Aber der Preis wurde unterschlagen, der dafür zu zahlen war und den Friedrich doch so tief, so bitter empfand: die Aufopferung des Lebensglücks. Gerade dadurch wurde die Größe entleert, um ihren Rang betrogen, unmenschlich gemacht und zur Phrase verdorben.

Dieses Hinweglügen gehört zum Unheil unserer neueren Geschichte. Am Ende zählte das Grundrecht auf Glück überhaupt nicht mehr, das mit jedem Menschen neu und unkündbar geboren wird, sondern bloß noch das Selbstopfer, so als sei es das Glück. Der Tod mißriet zur Lebensbegründung. Erst wenn wir aus der Lüge zur Wahrheit zurückfinden und dem preußischen Unglück standhalten, das Friedrich verkörpert, werden wir seine wirkliche Größe erkennen und gewinnen eine neue Möglichkeit, der Bewunderung Raum zu geben, die sich nicht mehr verirrt.

Zur Sache gehört neben der Vereinsamung die Menschenverachtung. Sie hat etwas mit der Königsrolle zu tun; ein unumschränkter Herrscher sieht sich von Kreaturen bedrängt, von Speichelleckern umschwärmt, die etwas erreichen wollen. Wie soll man da noch das Echte vom Falschen unterscheiden? Wie sich öffnen, Vertrauen schenken, Freundschaften schließen? Wie nicht verachten?

»Setz' Er sich, alter Vater! Setz' Er sich, sonst geh ich fort,
denn ich will Ihm durchaus nicht zur Last fallen.« Wie einen
Vaterersatz hat Friedrich den frommen und schlichten
Husarengeneral Zieten mit seiner Zartheit, ja mit Verehrung
behandelt wie niemanden sonst. Bild von Carl Röchling.

Nur für Augenblicke und im Einzelfall mochte dem beizu-
kommen sein, sei es mit Keckheit und Schlagfertigkeit, sei es
mit Geradheit oder manchmal mit Grobheit. Davon erzählen
die Anekdoten. Ein Offizier, dem der König einen Orden ver-
leihen wollte, behauptete, daß es ihm nur auf dem Schlacht-
feld zustehe, ihn anzunehmen. »Unsinn«, entgegnete Friedrich, »wegen Ihm werde ich keinen Krieg anfangen.«

Der für seine Grobheit bekannte Leibkutscher des Königs,
Pfund, warf einmal bei schneller Fahrt auf schlechter Straße
den Wagen um, und Friedrich schimpfte. Darauf Pfund: »Wat
denn, Majestät! Haben Eure Majestät nie eine Schlacht verloren?« Und da war der König wieder versöhnt.

Am anrührendsten wirkt das Verhältnis des alternden
Friedrich zum noch älteren Zieten, dem frommen und
schlichten Husarengeneral. Gegen alle Gewohnheiten hat
Friedrich ihn stets mit Taktgefühl, mit Zartheit, fast mit Ver-

ehrung behandelt. Als beide schon nicht mehr gut zu Fuß waren, wollte der Besucher Zieten nicht Platz nehmen, weil es nur den einen, für ihn bereitgestellten Stuhl gab. Friedrich sagte: »Setz' Er sich, alter Vater! Setz' Er sich, sonst geh' ich fort, denn ich will Ihm durchaus nicht zur Last fallen.« In seinem Gedicht »Der alte Zieten« erzählt Fontane die Episode an der Tafel zu Sanssouci:

> »Einst mocht es ihm nicht schmecken,
> und sieh, der Zieten schlief,
> ein Höfling will ihn wecken –
> der König aber rief:
> ›Laßt schlafen mir den Alten!
> Er hat in mancher Nacht
> für uns sich wach gehalten,
> der hat genug gewacht!‹«

Vielleicht hat Friedrich in Zieten wirklich den Vater gesucht, der keine Schreckensfigur war, sondern dem er seine Liebe zuwenden konnte.

Aber man darf auch die Menschenverachtung nicht forterzählen, als sei sie nur Beiwerk gewesen. Wie eine Krankheit nicht des Leibes, sondern der Seele wuchs sie immer mehr an. Im Kern handelte es sich um einen Panzer zum Selbstschutz, eine Lebensrettung in der Wüste des Einsamseins: Die Menschen verdienen es nicht, daß man sie liebt. Übrigens ausdrücklich hat der Philosoph auf dem Thron daraus ein Prinzip gemacht. An den französischen Aufklärer d'Alembert schrieb er:

»Denken wir uns eine beliebige Monarchie von zehn Millionen Einwohnern. Davon ziehen wir zunächst die Bauern, Arbeiter, Handwerker und Soldaten ab. Bleiben etwa 50 000 Männer und Frauen. Davon ziehen wir 25 000 Frauen ab; der Rest bildet den Adel und den höheren Bürgerstand. Prüfen wir nun, wie viele davon geistig träge, stumpf und schwachherzig oder ausschweifend sind, so wird die Rechnung ungefähr ergeben, daß von einem sogenannten zivilisierten Volke kaum 1000 Personen gebildet sind – und auch da, welche Unterschiede der Begabung!« Deshalb ist es »verlorene Mühe, die Menschheit aufklären zu wollen, ja, oft ist es ein gefährliches Unterfangen. Man muß sich damit begnügen, selber weise zu sein, wenn man es vermag, aber den Pöbel dem Irrtum überlassen und nur danach trachten, ihn von Verbrechen abzuhalten, die die Ordnung der Gesellschaft stören.«

Noch zu Lebzeiten des Königs, 1784, hat Immanuel Kant in seiner unvergänglichen Schrift »Beantwortung der Frage: Was ist Aufklärung?« davon gesprochen, daß beinahe unausbleiblich »ein Publikum sich selbst aufkläre«, wenn man ihm nur Freiheit lasse, und er hat seine Hoffnung aufs friderizianische Preußen gesetzt. Aber bei Friedrich selbst blieb keine Hoffnung. Seine letzte Wahrheit kam in dem Wunsch zum Ausdruck, auf keinen Fall bei Menschen, die er nicht mehr ertrug, sondern bei seinen Hunden begraben zu werden. 205 Jahre haben die Nachfahren gebraucht, um den Wunsch zu erfüllen.

Einsamkeit und Verachtung bedingen einander und führen in einen fatalen Zirkel. Zwar sucht die Einsamkeit verzweifelt nach Nähe. Mit aller Macht, die ihr zur Gebote steht, fesselt sie Menschen an sich, um so sich selbst zu betäuben. Doch eben damit verdirbt die Nähe. Entweder fügen sich die anderen in ihre Fesselung; dann taugen sie nichts, weil sie sich als unwürdig, als bloße Kreaturen erweisen. Ober sie brechen aus; dann üben sie in der Sicht des Einsamen Verrat, und die Verachtung sieht sich wieder bestätigt: Niemand ist einer Zuwendung wert.

Bei Friedrich kann man dieses Verderben seiner Beziehungen vielfach und bedrückend erkennen. Wir sehen zum Beispiel die Tafelrunde von Sanssouci von ihrer glanzvollen Seite; sie ist immer wieder geschildert – oder gezeichnet und gemalt worden, wie von Adolph von Menzel. Doch es gab eine andere, elende Seite. Der König und Herr bestimmte die Regeln, und schier endlos, Stunde um Stunde dehnte er das Beisammensein aus, oft bis zur Erschöpfung und Verzweiflung der Tischgenossen, die dennoch vom Anfang bis zum Ende gehalten waren, eine heitere Miene zu zeigen und als geistreich, als schlagfertig zu erscheinen. Wie nach Friedrichs eigenem Zeugnis die Arbeit oder das Verseschmieden Mittel der Ablenkung waren, so brauchte er das Schauspiel redseliger Nähe und benutzte die Partner, um das Einsamsein zu übertönen.

Anders und anspruchsvoll ausgedrückt, mit Immanuel Kant: Es ist ein Grundgebot der Moral, daß Menschen einander niemals nur als Mittel gebrauchen. So gesehen haftete an den Tischgesprächen etwas prinziell Unmoralisches, über das Abgleiten dann und wann in Zweideutigkeiten oder Zoten weit hinaus.

Es ist verständlich, daß ein großer und unabhängiger Geist wie Voltaire das nicht ertrug. Zwangsläufig schlug seine Begeisterung in die Ernüchterung um, und sein »Wörterbuch für Könige« zeigt, daß er das Benutztsein durchschaute. Fast läßt sich sogar das Pamphlet entschuldigen, das er nach seiner Flucht aus Potsdam verfaßte; mit der Schmähschrift triumphierte, im Mantel der Bosheit, die wiedergewonnene Freiheit. Erst der Briefwechsel, der trotz allem bald wieder begann, schuf eine bessere Möglichkeit, weil nicht der Mißbrauch der Nähe, sondern die Entfernung seine Bedingung war.

Leider gehört zur Einsamkeit und Menschenverachtung noch etwas hinzu, vielleicht das Schlimmste: eine Unfähigkeit, den Anblick des Glücks bei anderen zu ertragen – oder sogar sich daran zu freuen, statt zu leiden. Denn beim Anblick des Glücks steigt das eigene Unglück ins Bewußtsein empor. Darum kann man solch ein Glück nicht fördern, sondern muß es zerstören. »Laßt Unglück um mich sein« ist – vorbewußt natürlich, doch damit nur um so wirksamer – eine Triebkraft, die aus den Abgründen der Vereinsamung stammt. Im übrigen ist die Selbsttäuschung nicht aus-, sondern eingeschlossen, die Vorstellung also, daß man seine Nächsten liebt wie sich selbst und für sie nur das Beste bewirken will.

Exemplarisch läßt sich der Sachverhalt an Friedrichs Umgang mit seinen Geschwistern und besonders an seiner Beziehung zu Heinrich ablesen. Um weit zurückzublenden bis in die Zeit, als er den Thron bestieg und gegenüber dem vierzehnjährigen Bruder die Rolle des Erziehers übernahm: Wir haben uns die Möglichkeit ausgemalt, daß der König versucht hätte, in dem ihm so ähnlichen Jungen stellvertretend das eigene, mit der Unterwerfung unter den Willen des Vaters verlorene Glück zu verwirklichen. Das Gegenteil wurde wahr: Friedrich hat die Rolle des Soldatenkönigs übernommen und alle seine Energie daran gesetzt, nun auch Heinrich unter die Fron des Soldatseins zu beugen. Warum eigentlich? Jetzt zeichnet eine Antwort sich ab: Friedrich konnte kaum anders handeln, weil in ihm bereits die Entscheidung gegen das Glück gefallen und mit dem Weg zum Ruhm und zur Größe auch der zur Einsamkeit und zur Menschenverachtung vorgezeichnet war.

Umgekehrt handelte es sich bei Heinrichs Widerstand gegen den König nicht nur um die Auflehnungslust oder den Mutwillen eines Halbwüchsigen. Nein, von Anfang war viel mehr, weitaus Dunkleres im Spiel, ein Gefühl dafür, daß in der Gewalt des allmächtigen Bruders etwas angelegt war, was auf die Zerstörung der eigenen Freiheit und des Anspruchs auf Lebensglück zielte. Später fand dieses Gefühl seine immer neuen Anlässe, sich bestätigt zu sehen, und zwangsläufig verfinsterte es sich bis zum niemals mehr abklingenden Haß.

Gegen die lauernden Mißverständnisse sei betont: Es geht weder darum, Friedrich herabzusetzen, noch geht es darum – wie es dann so oft und immer wieder geschehen ist –, Heinrich seinen Haß als Charakterschaden, als eine Art von Verfolgungswahn vorzuhalten. Nein, es geht im Gegenteil darum, dem Menschlichen nahezukommen. Es geht darum, diese Bruderbeziehung im geradezu klassischen Sinne als eine Tragödie zu verstehen und den Preis zu ermessen, der für Preußens Größe zu zahlen war.

Auf die anderen Geschwisterbeziehungen sei nur hingewiesen. Es war die Rede von der Entehrung und vom Tod August Wilhelms, der die Familienbeziehungen unermeßlich belastete. Wenn aber der König dem Thronerben bei dessen Ausstoßung aus dem Heeresdienst nachrief, er solle allenfalls noch einen »Harem von Hoffräuleins« kommandieren, dann ist die Folgerung jedenfalls nicht abwegig, daß Friedrich diesen Bruder auch darum zerbrach, weil er ihn um eine Glücksquelle beneidete, die ihm selber verschlossen war.

Prinz Ferdinand ist vielleicht darum verschont geblieben, weil er sich, auf seine Weise lebensklug, beizeiten in die demonstrative Harmlosigkeit rettete. Dabei war er stets der Freund und Vertraute Heinrichs, den er kaum zufällig in Rheinsberg beerbte. Sein Sohn Louis Ferdinand gehörte zu Heinrichs Rheinsberger Lieblingsgästen – und zu den wenigen, die an seiner Beisetzung teilnahmen.

Die Liebesaffäre der Prinzessin Amalie mit dem Freiherrn Friedrich von der Trenck ist wohl ins Reich der Legenden zu verweisen. Aber der Verdacht genügte offenbar, um Trenck des Hochverrats zu beschuldigen und unerbittlich zu verfolgen. Friedrich ließ ihn rechtswidrig im Ausland festnehmen und für beinahe ein Jahrzehnt menschenunwürdig in Ketten legen. Erst eine Fürsprache Maria Theresias erlöste den Unglücklichen. Amalie soll indessen versucht haben, sich zu vergiften, und ist darüber, wie ein Zeitzeuge schreibt, »entsetzlich häßlich« geworden.

Anders erging es Friedrichs Lieblingsschwester Wilhelmine. Sie war seine Komplizin in den finsteren Jugendjahren, und nach seinem Fluchtversuch wurde sie mit dem Markgrafen von Bayreuth gewissermaßen strafverheiratet. So erschien sie für Friedrich als die Gefährtin im Unglück, und so konnte er ihr, nur von vorübergehender Entfremdung unterbrochen, seine Zärtlichkeit zuwenden. Davon zeugt noch ein Briefwechsel kurz vor Wilhelmines Tod im Jahre 1758. Als die Kriegslage immer bedrohlicher wurde, schrieb sie dem Bruder, daß sie den Untergang Preußens nicht überleben wolle. In Friedrichs Antwort heißt es:

»Was Dich nun anlangt, meine unvergleichliche Schwester, so habe ich nicht das Herz, Dich in Deinen Entschließungen umstimmen zu wollen. Unsere Denkweise ist ganz die gleiche; unmöglich kann ich die Empfindungen, die ich täglich selbst hege, bei Dir verdammen. Das Leben wird uns von der Natur als eine Wohltat gegeben; sobald es eine solche nicht mehr ist, läuft der Vertrag ab. Dann wird jeder Mensch Herr darüber, seinem Mißgeschick ein Ende zu setzen in dem Augenblick, den er selbst für geraten hält. Einen Schauspieler, der auf der Bühne bleibt, wenn er nichts mehr zu sagen hat, pfeift man aus... Ist Dein Entschluß der gleiche wie meiner, so enden wir gemeinsam unser Unglück. Die auf der Welt zurückbleiben, mögen sich dann mit den Sorgen abfinden, die auf ihnen lasten werden!«

Um nun wieder von dem schon älteren, aus Friedrichs Tyrannei jedenfalls bis nach Rheinsberg entkommenen Heinrich zu sprechen: Es war weder in den preußischen Hofkreisen noch in Europa ein Geheimnis, daß er die jungen und schönen Männer liebte. Man lese im vorigen Kapitel noch einmal, wie selbstverständlich der Marquis de Bombelles von den »Günstlingen« ausgeht; nur daß der Prinz nicht »ihr willfähriges Instrument« ist, wird als Überraschung vermerkt. Einer der Günstlinge, Bogislaw von Tauentzien, trat übrigens als Heinrichs Reisebegleiter gleich mit auf die Pariser Schaubühne.

Spekulationen darüber, wie weit die Beziehungen bis ins Sexuelle reichten, bleiben müßig, weil es keine Antworten gibt. Zur höfischen Zivilisation des vorrevolutionären Europa gehört zwar das lustvolle Flüstern, aber zugleich auch ein hohes Maß an Toleranz und Diskretion. Erst wenn Affären aufbrechen, wie in der Halsbandgeschichte um die französische Königin Marie-Antoinette, und wenn Skandalreporter sich ans Werk machen, wie der Graf Mirabeau, kündigen sich die Vorbeben eines neuen und erst einmal prüderen Zeitalters an.

Und war oder ist das Sexuelle überhaupt so wichtig, wie es im Zeitalter nach Sigmund Freud sich darstellt? Kommt es nicht auch oder vor allem auf die erotischen Qualitäten an? »Wer nicht vor 1789 gelebt hat, weiß nicht, was leben heißt«, soll Talleyrand gesagt haben. Er hat damit gerade nicht das Derbe und Direkte gemeint, sondern die Kultivierung des Erotischen in der höfischen Gesellschaft, die die Revolution hinwegfegte, indem sie gegen das angeblich Verdorbene den Kult des »Natürlichen« setzte. Was Heinrich angeht, war gewiß entscheidend, daß er eben nicht wie sein Bruder in der Einsamkeit und Menschenverachtung versank, sondern daß er Menschen bei sich hatte, deren Nähe ihn beglückte und denen er seine Zärtlichkeit, seine Liebe zuwenden konnte.

Wichtig ist auch nicht, daß wir nun alle die Günstlinge dingfest machen, die es vielleicht gegeben hat. Nur vier seien genannt. Fontane, auf der Suche nach den Namen derer, die zum Rheinsberger Hoftheater gehörten, nennt einen jungen Schauspieler: »Blainville, ein besonderer Liebling des Prinzen, gab sich selbst den Tod, als es der Kabale seiner Genossen gelungen war, ihm momentan die Gunst seines Herrn zu entziehen. Der Prinz soll diesen Verlust nie verwunden haben.« Offenbar blühten sogar in einer so kleinen und überschaubaren Residenz wie Rheinsberg die Intrigen – oder dort erst recht.

Bedeutsamer oder jedenfalls für unsere Betrachtung geradezu eine Schlüsselfigur ist ein anderer: Kaphengst. Wieder Fontane: »Christian Ludwig von Kaphengst wurde ungefähr im Jahre 1740 auf dem väterlichen Gut Güblitz in der Priegnitz geboren. Wann er an den Rheinsberger Hof kam, ist nicht genau festzustellen; sehr wahrscheinlich lernte der Prinz ihn während des Siebenjährigen Krieges kennen, fand Gefallen an seiner Jugend und Schönheit und nahm ihn nach erfolgtem Friedensschlusse mit nach Rheinsberg. Als Adjutant des Prinzen, eine Stellung, zu der ihn seine geistigen Gaben keineswegs befähigten, stieg er zum Kapitän und bald darauf zum Major auf und beherrschte nun den Hof und den Prinzen selbst, dessen Gunstbezeugungen ihn übermütig machten.«

In der Tat scheint er kein kultivierter, sondern ein geistig eher grobschlächtiger, aber überschäumend lebenslustiger Mann gewesen zu sein, eine Abenteurernatur. Es wird von seinen Gewaltritten nach Berlin berichtet: Am frühen Morgen brach er in Rheinsberg auf, suchte kurz – bei Frauen – sein Glück und war noch zum Abendessen wieder zurück. Aber auf eine andere und höchst unerwartete Weise geschah dann Dramatisches:

»Der König, der in seiner Sanssouci-Einsamkeit von allem unterrichtet war, mißbilligte, was in Rheinsberg vorging, und wollte dem ›Verhältnis‹ à tout prix ein Ende machen. 1774 überbrachte ein Page des Königs ein königliches Geschenk von 10 000 Friedrichsdor, freilich zugleich mit der Order, ›daß er den Major von Kaphengst entlassen möge‹, eine Order, deren Wortlaut sich hier der Möglichkeit der Mitteilung entzieht.«

Geld, als könnte man damit einen Mann wie den Prinzen Heinrich gefügig machen, um nicht zu sagen bestechen, und unflätiges Schimpfen: eine gleich zweifache Demütigung. Doch sogar Fontane gerät unversehens ans Schimpfen und schildert Kaphengst in den finstersten Farben. Aber halbwegs einfühlsam fügt er dann doch noch hinzu:

»Aller klar zutage liegenden Schwächen und Schattenseiten Kaphengsts zum Trotz, muß dem Wesen desselben ein Etwas eigen gewesen sein, das den alternden Prinzen in erklärlicher und dadurch annähernd gerechtfertigter Weise höchst sympathisch berührte. Vielleicht war es nichts weiter als Zynismus, der so leicht einen Reiz auf diejenigen ausübt, deren Beruf und Neigung im allgemeinen auf das geistig Verfeinerte geht. Es ist der Zauber des Kontrastes, ein Sichschadloshalten für anderweitig empfundenen Zwang.«

Aber zum Zynismus braucht man die Jugend nicht. Er verträgt sich durchaus mit dem Altern und mit dem verfeinerten Geist: Man schaue auf Friedrich. Doch was nur ging den das »Verhältnis« von Rheinsberg an, wie immer es gewesen sein mag? Warum griff der König als ein Haus- oder Familientyrann in die Existenz des Bruders ein, so als sei der noch, wie vor Jahrzehnten, ein unmündiger dummer Junge, der der Erziehung bedurfte?

Im Grunde bleibt eine einzige Folgerung, die ärgste: Um jeden Preis wollte der alte, grämlich verfinsterte Mann in Potsdam das Glück des Bruders zerschlagen. Und in mancher Hinsicht muß man darüber noch strenger urteilen als über die Entehrung des Thronerben August Wilhelm im Jahre 1757. Denn damals zerrten die Niederlage von Kolin, das Scheitern

des Feldzugsplans und die Aussicht auf einen lange dauern-
den Krieg mit sehr ungewissem Ausgang an Friedrichs Ner-
ven. Ungerecht zwar, aber verständlich suchte und fand er im
Bruder den Sündenbock. Jetzt jedoch, im Friedensjahr 1774,
handelte er kaltblütig und hartherzig ganz ohne einen Tumult
der äußeren Umstände.

Heinrich mußte dem Königsbefehl gehorchen und Kap-
hengst entlassen. Aber er hat für ihn den Güterbesitz von
Meseberg gekauft, nicht sehr weit von Rheinsberg entfernt.
So blieb eine Verbindung erhalten, auch wenn sie sich mit der
Zeit ins Unbestimmte verlor. Als sein eigener Schloßherr hat
Kaphengst wilde Feste gefeiert, viel getrunken und um hohe
Einsätze gespielt. Im Jahre 1798 ist er hoch verschuldet ge-
storben. Wie ein »wilder Jäger« ist er den Bewohnern von
Meseberg noch lange im Gedächtnis geblieben. Jedenfalls die
Kinder im Dorf, berichtet Fontane mehr als ein halbes Jahr-
hundert später, »wenn an Novemberabenden der Wind das
abgefallene Laub über die Gasse fegt, fahren zusammen und
murmeln ängstlich ›Kaphengst kommt‹.«

Sozusagen als der Nachfolger Kaphengsts, aber mit gewiß
weit edlerem Zuschnitt, kam im Jahre 1776 ein damals erst
sechzehnjähriger Fähnrich nach Rheinsberg: Friedrich Bogislaw Emanuel von Tauentzien. Er war der Sohn eines Gene-
rals, der im Siebenjährigen Krieg zu Ehren gelangte und
besonders als Verteidiger von Breslau bekannt wurde. Denn
der Befehlshaber der österreichischen Belagerer, Laudon, forderte die Kapitulation und drohte, daß sonst bei der Erstür-
mung der Stadt »nicht das Kind im Mutterleib« geschont
würde. Tauentzien lehnte mit der Bemerkung ab, er sei nicht
schwanger und seine Soldaten seien es auch nicht. Eines der
Medaillons am Obelisken von Rheinsberg hat Prinz Heinrich
diesem Mann mit den Worten gewidmet: »In allen Feldzügen
zugegen; seine Wunden sind rühmliche Denkmäler seines
Mutes. 1760 verteidigte er Breslau gegen Laudon. Er befehlig-
te 1762 die Belagerung von Schweidnitz und erfreut sich ge-
genwärtig eines ehrenvollen Alters.« Er starb allerdings im
März 1791, also noch vor der Einweihung des Denkmals.

Prinz Heinrich und sein Adjutant Bogislaw von Tauentzien.
Die scheue Zuwendung des alten Mannes zu dem
jungen tritt hier anrührend zutage. Gemälde von Edward
Francis Cunningham um 1785.

Auch der Sohn brachte es später zum General und zeichnete sich im Befreiungskrieg von 1813 aus. Er eroberte Torgau, Wittenberg und Magdeburg und wurde 1814 als Tauentzien von Wittenberg in den Grafenstand erhoben. In Berlin, zwischen Gedächtniskirche und Wittenbergplatz, erinnert noch heute die Tauentzienstraße an diesen Preußen.

Als persönlicher Adjutant begleitete Tauentzien den Prinzen Heinrich im Bayerischen Erbfolgekrieg und auf seinen Reisen. Ein Bild, das um das Jahr 1785 entstand, zeigt den alten und den jungen Mann im militärischen und doch sehr persönlichen Miteinander (siehe S. 191). Die Beziehung zerriß, als Tauentzien 1791, inzwischen als Major, in das deutlicher karriereträchtige Gefolge des Königs, Friedrich Wilhelms III., hinüberwechselte.

Den letzten jungen Mann, der die Rheinsberger Bühne betrat, hat Fontane mit Anteilnahme geschildert:

»Antoine Charles Etienne Paul Graf La Roche-Aymon war 1775 geboren. 1792, siebzehn Jahre alt, verließ er mit andern Emigrés sein Vaterland und trat als Volontär in das Condésche Korps, nach einer andern Version... in die neapolitanische Armee. Gleichviel, 1794 erschien ein junger, sechs Fuß hoher Offizier von dunkelstem Kolorit und dürftigster Kleidung in Rheinsberg und gab bei ›Demoiselle Aurore‹, jener schon genannten Schauspielerin des prinzlichen Hoftheaters, einen Empfehlungsbrief ab. Der Brief enthielt die Bitte, den Überbringer, den jungen Grafen La Roche-Aymon, bei günstiger Gelegenheit in die Nähe des Prinzen zu bringen. Demoiselle Aurore war echte Französin, lebhaft und gutherzig, dabei Royalistin und zu Abenteuern geneigt; sie bestritt also eine passable Equipierung aus eigenen Mitteln, und vor Ablauf einer Woche war der Graf in des Prinzen Dienst. Er bezog Wohnung im Kavalierhaus und übernahm den Befehl über die vierzig Leibhusaren, die, wie mehrerwähnt, als eine spezielle Prinz-Heinrichsche Truppe zu Rheinsberg in Garnison lagen. Kurze Zeit darauf wurde er Adjutant des Prinzen. Schön, gewandt, liebenswürdig, ein Kavalier im besten Sinne des Worts, trat er alsbald in eine Vertrauensstellung, ja darüber hinaus in ein Herzensverhältnis zum Prinzen, wie es dieser, seit Tauentzien, nicht mehr gekannt hatte. Der Graf erschien ihm als ein Geschenk des Himmels, der Abend seines Lebens war gekommen, aber siehe da, die Sonne, bevor sie schied, lieh ihm noch einmal einen Strahl ihres beglückenden Lichts.«

Oder war es die Göttin der Geschichte, die ein Einsehen zeigte? Fast immer und nicht nur in Preußen scheidet sie streng die Größe vom Glück. Hier hat sie gelächelt: Die große Revolution von 1789 verhinderte, daß Heinrich sich den Wunschtraum erfüllen und seine letzten Jahre in Frankreich verbringen konnte. Aber die gleiche Revolution trieb die Flüchtlinge fort, von denen einer als später Bote des Glücks nach Rheinsberg gelangte. Heinrich selbst hat wenige Monate vor seinem Tod letzte Verfügungen geschrieben und darin festgehalten, was er empfand: »Ich bezeuge dem Grafen La Roche-Aymon meinen lebhaften Dank für die zarte Anhänglichkeit, die er mir über all die Zeit erwiesen hat, in der ich so glücklich war, ihn in meiner Nähe zu haben.«

Es bleibt noch zu sagen, daß der Graf das Fräulein von Zeuner heiratete, eine Hofdame bei Wilhelmine, Heinrichs verstoßener Gemahlin. Der Prinz vererbte dem Paar das Gut Köpernitz. Dort hat die Gräfin La Roche-Aymon nach der Trennung von ihrem Gemahl bis 1859 gelebt. Der Graf nahm als preußischer Reiterführer, zuletzt als Generalmajor, an den Kriegen gegen Napoleon teil. 1807 zeichnete er sich in der Schlacht bei Preußisch-Eylau aus, ebenso in den Feldzügen von 1813 und 1814. Nach dem Sturz Napoleons kehrte er in seine Heimat zurück. Er rückte zum Generalleutnant auf, wurde als Pair von Frankreich geehrt und starb 1849.

Das klassische Preußen: Ein Rückblick

Spät erst tritt Preußen auf die historische Bühne, und man
gerät in Verlegenheit, wenn man präzise sagen soll, wann das
geschah. Natürlich gab es eine brandenburgische Vorge-
schichte, und in ihr wäre der Beginn des 17. Jahrhunderts zu
nennen. Im Jahre 1613 trat der Kurfürst Johann Sigismund
zum Calvinismus über, 1614 erwarb er weit im Westen Kleve,
Mark und Ravensberg, 1618 weit im Osten das Herzogtum
Preußen. Übrigens hat kein Geringerer als Friedrich der
Große so datiert. In seinen »Mémoires pour servir à l'histoire
de la maison de Brandebourg«, den »Denkwürdigkeiten zur
Geschichte des Hauses Brandenburg«, schreibt er 1751: »Es
geht mit den Geschichtswerken wie mit den Strömen, die erst
da Bedeutung gewinnen, wo sie schiffbar werden. Die brandenburgische Geschichte fängt erst mit Johann Sigismund an,
interessant zu werden, sowohl durch seine Erwerbung Preußens als auch durch die Klevesche Erbfolge.«
   Aber 1618 begann auch der Dreißigjährige Krieg, der das
Land ruinierte und den Staat – sofern man von ihm im modernen Sinne überhaupt schon sprechen kann – an den Rand
seiner Auflösung brachte. »Pommern ist dahin, Jülich ist dahin, Preußen haben wir wie einen Aal beim Schwanz, und die
Mark wollen wir auch vermarketendieren«, schrieb ein ver-
zweifelter Zeitzeuge.
   Wäre es also sinnvoller, bei dem Regierungsantritt des Großen Kurfürsten im Jahre 1640 anzusetzen? Oder sollen wir,
mit Theodor Fontane, die Schlacht bei Fehrbellin am 28. Juni
1675 nennen, als Signal dafür, daß man nicht länger nur ein

Spielball fremder Mächte war? Auch an das Jahr 1685 ließe
sich denken: Mit dem Edikt von Potsdam, das die Glaubensflüchtlinge aus Frankreich, die Hugenotten, willkommen
hieß, leuchtete die Toleranz auf, und eine Einbürgerungspoli-
ti̇   ˑ̇ Jahrhundert Brandenburg-Preußen
a   .en
C   Ja-
n   ıse-
li̇   )ald
s(por-
k̇   .rtet;
d(litär-
m

                                                        ̇igen,
so   muß
ṁ   . wohl
nc   ̇ch, der
eṙ   ̇n I., der
So   ̇zigartige
»R   .ugender-
zie   ̇.erfüllung,
dė   ̇ntwicklung eines
mȯ   ̇.üung des Adels zur Leistungselite – eben dieses klassische Preußen.

Nach wenig mehr als anderthalb Jahrhunderten ist dann
alles schon wieder zu Ende. Dem Anschein nach triumphal
gründet Preußen den deutschen Nationalstaat, und bewußt
hat man die Kaiserproklamation von Versailles mit dem
Datum der Königskrönung verbunden, so als vollende der
18. Januar 1871, was 1701 in Königsberg anfing.

Aber Preußen verlor sich im Schatten der eigenen Gründung – wie Wilhelm I. es weissagte, als er am Vorabend der
Kaiserproklamation Bismarck unter Tränen erklärte: »Morgen ist der unglücklichste Tag meines Lebens. Da tragen wir
das preußische Königtum zu Grabe.« Das war nicht die Sen-
timentalität eines alten Mannes, sondern die Wahrheit. Der
Enkel, Wilhelm II., erschien den Zeitgenossen schlicht oder

strahlenumglänzt als »der Kaiser«, aber kaum noch als König von Preußen, und selbst der Großvater ist als »der gute alte Kaiser Wilhelm« im Gedächtnis geblieben. Wie denn auch sonst? Seit 1871 war nicht mehr Preußen, sondern das Reich die bestimmende Macht. Wohl vererbte der alte dem neuen Staat seine Institutionen, vorab seine ruhmreiche Armee, aber nicht mehr zum eigenen, sondern zum nationalen Gebrauch. Und mit Deutschland, nicht mehr mit Preußen bekamen Europa und die Welt es fortan zu tun. Alles, was bis zur förmlichen Auflösung Preußens durch den Alliierten Kontrollrat am 25. Februar 1947 noch folgt, ist darum Nachgeschichte.

Weit vor 1871 erkennt man indessen schon eine Veränderung, die ins Grundsätzliche reicht, einen Epocheneinschnitt. Man kann ihn auf den Tod Friedrichs des Großen im Jahre 1786, auf das Religionsedikt von 1788 oder den Frieden von Basel 1795 datieren. Seitdem gibt es keine überragenden Herrscher mehr, sondern bloß noch die mittelmäßigen; Preußen hört auf, ein Hort der Toleranz zu sein, und ängstlich duckt es sich vor dem großen Sturm, der aus Frankreich herüberweht. »Klare Ziele hatten unserer Politik seit dem Tode Friedrichs des Großen entweder gefehlt, oder sie waren ungeschickt gewählt oder betrieben«, schreibt Bismarck in seinen »Gedanken und Erinnerungen«. Er meint damit zunächst die zwei Jahrzehnte bis zur Katastrophe von 1806, aber auch über die Zeit seit dem Wiener Kongreß von 1815 schimpft er nach eigenem Bekunden »wie ein Rohrspatz«: Wieder flüchtet man aus großer Politik ins Halbherzige und vertraut sich der Vormundschaft Österreichs an. Wie schon in den Anfängen, in der Zeit des Soldatenkönigs, erweist sich das angeblich immer kriegslüsterne Preußen als ein hasenfüßig konfliktscheuer Staat.

Wie allerdings hätte es anders oder gar besser sein sollen? Unter dem Deckmantel der königlichen Befugnisse entwickelt sich mehr und mehr eine Herrschaft der Beamten, und die taugt zwar für eine vorbildliche Verwaltung, aber kaum zum staatsmännischen Handeln – wie Max Weber gesagt hat, als er Deutschlands preußisches Erbe beklagte: »Wenn ein leitender Mann dem Geist seiner Leitung nach ein ›Beamter‹ ist, sei es auch ein noch so tüchtiger: ein Mann also, der nach Reglement und Befehl pflichtgemäß und ehrenhaft seine Arbeit abzuleisten gewohnt ist, dann ist er weder an der Spitze eines Privatwirtschaftsbetriebes noch an der Spitze eines Staates zu brauchen. Wir haben leider innerhalb unseres eigenen Staatslebens das Exempel darauf zu machen gehabt.«

Doch seit 1789 kommt noch viel mehr ins Spiel. Im Gefolge der großen Französischen Revolution wird etwas prinzipiell Neues geschichtsmächtig: das Nationalbewußtsein. In Deutschland entsteht es zunächst in der Gegenwehr gegen die napoleonische Eroberung und wendet sich dann in die Zukunft. Je weiter ins 19. Jahrhundert hinein, desto stärker entwickelt sich die Sehnsucht nach Größe und Einheit, so wie Ernst Moritz Arndt sie erdichtet:

> »Was ist des Deutschen Vaterland?
> Ist's Preußenland? Ist's Schwabenland?
> Ist's, wo am Rhein die Rebe blüht?
> Ist's, wo am Belt die Möwe zieht?
> O nein! nein! nein!
> Sein Vaterland muß größer sein!«

»Das ganze Deutschland soll es sein!« heißt die Schlußzeile. Aber wohin dann mit Preußen? Es paßt dazu nicht; wie auf andere Weise Österreich ist es kein Nationalstaat. Darum windet es sich und sucht statt des traditionellen Gegensatzes die Nähe zu Österreich. In der gemeinsamen Frontstellung, unter Metternichs Führung, will es abwehren, was zu seinem Unheil herandrängt. Es nimmt Zuflucht bei Zensur, Unterdrückung – und im krassen Gegensatz zur friderizianischen Überlieferung bei einer amtlich verordneten Staatsfrömmigkeit.

In den Augen all derer, die sich die deutsche Freiheit und Einheit herbeiwünschen, erscheint freilich diese preußische Politik als durch und durch reaktionär, als heuchlerisch noch dazu. Immer weitere Kreise entfremden sich nicht nur dem Staat, sondern auch einer Kirche, an deren Spitze der König steht. Heinrich Heine spricht keineswegs für sich allein, sondern bringt nur eine Zeitstimmung drastisch zum Ausdruck, wenn er sagt: »Ich traute nicht diesem Preußen, diesem langen, frömmelnden Gamaschenheld mit dem weiten Magen und dem großen Maule und mit dem Korporalstock, den er erst in Weihwasser taucht, ehe er damit zuschlägt. Mir mißfiel dieses philosophisch-christliche Soldatentum, dieses Gemengsel von Weißbier, Lüge und Sand. Widerwärtig, tief widerwärtig war mir dieses Preußen, dieses steife, heuchlerische und scheinheilige Preußen, dieser Tartuffe unter den Staaten.«

Den Ausweg aus der preußischen Ausweglosigkeit bot schließlich Bismarcks Geniestreich, die Flucht nach vorn in die Reichsgründung. Der große Mann rettete dem alten Staat damit das Ansehen, das er nicht mehr verdiente, oder begründete es neu. Einen guten Zusammenklang ergab die Kombination von Obrigkeitsstaat und Nationalismus allerdings nicht. Und leider vererbte Preußen dem Nationalstaat auch seine Feindschaft, seine Ängste vor dem, was 1789 mit der Revolution in Frankreich begann, so als brande von dort, aus der westlichen Zivilisation, das Verderben der deutschen Kultur heran, gegen das man sich zum Entscheidungskampf rüsten müsse.

Dramatisch trat der Gegensatz beim Ausbruch des Ersten Weltkriegs zutage. In den Worten des Historikers Georg von Below: »Die Erlebnisse des Weltkrieges haben den Zusammenbruch der Ideale der französischen Revolution dargetan. Die Ideen der Freiheit, Gleichheit, Brüderlichkeit sind durch die deutschen Ideen von 1914, Pflicht, Ordnung, Gerechtigkeit überwunden.« Ein fataler und noch dazu voreiliger Triumph, bei dem als »deutsch« ausgegeben wird, was aus der preußischen Reaktion gegenüber einer freiheitlichen Nationalbewegung stammt. Zur Sache gehört im übrigen, daß man das ältere, friderizianische Preußen um so unkritischer verherrlicht, je weiter man in Wahrheit sich von ihm entfernt.

Alles in allem: Das klassische Preußen beginnt nicht nur spät, sondern es endet auch früh. Natürlich gibt es bis weit ins 19. Jahrhundert hinein noch vieles, was bewundernswert ist:

die Reformen nach 1807, die neue militärische Bewährung in den Freiheitskriegen, eine vorbildlich leistungstüchtige, sparsame und unbestechliche Verwaltung, der Rechtsstaat von Rang, die Bildungspolitik, die mit Wilhelm von Humboldts Berliner Universitätsgründung die Epoche der Weltgeltung deutscher Wissenschaft einleitet, die Arbeit am Zollverein. Aber der Glanz ist dahin; eine wirklich in die Zukunft weisende Politik läßt sich nicht einmal im Ansatz erkennen. Reinhart Koselleck, dem wir die wohl gründlichste Untersuchung der Jahrzehnte zwischen dem Zeitalter der Reformen und der Revolution von 1848 verdanken, hat den Spott eines ausländischen Beobachters zitiert: »Die preußische Verwaltung wünsche mit gutem Winde zu segeln und verlange doch Meeresstille... Je mehr also die öffentliche Meinung zu einer selbständigen Macht wurde, desto unglaubwürdiger wurde ein Staat, der auf seine Intelligenz stolz sein durfte, ihr aber kein öffentliches Echo verschaffte.« Immer bedrückender entwikkelte sich der Polizeistaat, und »mit jedem Schnitt, den die Schere des Zensors tätigte, wurden auch die Fäden zerrissen, die die Gesellschaft an den Staat banden«.

So bleibt als das klassische, in Preußen gewiß nicht golden, aber ehern zu nennende Zeitalter das von 1713 bis 1786, die Regierungszeit der beiden großen Könige, Friedrich Wilhelms I. und Friedrichs II. Der Vater hat Preußen im eigentlichen Sinne erst geschaffen, der Sohn es zur Großmacht erhoben. Wenn der umstrittene Satz jemals gültig war, daß »Männer« die Geschichte machen, dann hier.

Indem wir nach den Kennzeichen dieses Zeitalters fragen, müssen wir vor allem anderen die Leistungsbereitschaft der Könige nennen, ihr Sich-Verzehren im Dienst, in einem Wort den überragenden Rang, zu dem die Pflichterfüllung aufrückte. Davon zeugen die berühmten Aussprüche: »Parol' auf dieser Welt ist nichts als Müh' und Arbeit.« – »Ich bin der erste Diener meines Staates.« – »Es ist nicht nötig, daß ich lebe, wohl aber, daß ich meine Pflicht tue.« – »Unser Staat braucht einen Herrscher, der alles mit eigenen Augen sieht und selbst regiert. Wollte es das Unglück, daß es anders würde, so ginge alles zugrunde.« Dabei handelt es sich nicht um eine wohlfeile Sprüchemacherei, sondern um die Wahrheit, um den Kern des Ganzen. Denn dies war einzigartig und preußisch.

Das Große, das darin lag, haben einst die Menschen empfunden – und wohl gerade die einfachen Menschen weit mehr als die Herren Minister und hohen Beamten –, die ungeduldig auf ihre Stunde warteten. Friedrich August Ludwig von der Marwitz, 1777 geboren, später General und ein unerbittlicher Gegner der Hardenbergschen Reformen, hat die Szene geschildert, die er als Junge von acht Jahren miterlebte, den Ritt des alten Fritz durch Berlin:

»Das ganze Rondell und die Wilhelmstraße waren gedrückt voll Menschen, alle Fenster voll, alle Häupter entblößt, überall das tiefste Schweigen, und auf allen Gesichtern ein Ausdruck von Ehrfurcht und Vertrauen, wie zu dem gerechten Lenker aller Schicksale. Der König ritt ganz allein vorn und grüßte, indem er fortwährend den Hut abnahm. Er hat ihn vom Hallischen Tor bis zur Kochstraße wohl zweihundertmal abgenommen. – Durch dieses ehrfurchtvolle Schweigen tönte nur der Hufschlag der Pferde und das Geschrei der Berlinischen Gassenjungen, die vor ihm hertanzten, jauchzten, die Hüte in die Luft warfen und ihm den Staub von den Stiefeln abwischten... – Die Flügeltüren gingen zu, alles war verschwunden, und noch stand die Menge entblößten Hauptes, schweigend, alle Augen auf den Fleck gerichtet, wo er verschwunden war, und es dauerte eine Weile, bis jeder sich sammelte und ruhig seines Weges ging. – Und doch war nichts geschehen, keine Pracht, kein Feuerwerk, keine Kanonenschüsse, kein Trommeln und Pfeifen, keine Musik. Nein, ein 73jähriger Mann, schlecht gekleidet, staubbedeckt, kehrte von seinem mühsamen Tagewerk zurück. Aber jedermann wußte, daß dieser Alte auch für ihn arbeitete, daß er sein ganzes Leben an diese Arbeit gesetzt und sie seit 45 Jahren noch nicht einen Tag versäumt hatte! Jedermann sah auch die Früchte seiner Arbeiten, nah und fern, rund um sich her, und wenn man auf ihn blickte, so regten sich Ehrfurcht, Bewunderung, Stolz, Vertrauen, kurz, alle edleren Gefühle des Menschen.«

Allerdings sollte man jeder unpreußischen Neigung zur Ruhmrednerei wohl so drastisch begegnen, wie Friedrich selbst, als er einem Lobhudler das Wort abschnitt: »Setze Er einen alten Affen aufs Pferd und lasse Er ihn durch die Straßen reiten, so wird das Volk ebenso zusammenlaufen.«

Aus der kritischen Distanz läßt sich ohnehin erkennen, daß das klassische Preußen zum Modell für die Dauer nicht taugte und dazu bestimmt war, eine Episode zu bleiben. Denn es setzt sozusagen das Genie als Bedingung voraus. Jedenfalls fordert es eine überragende Leistungsfähigkeit des Herrschers, und die läßt sich nur als Ausnahme von den Regeln menschlicher Maße erwarten. Erst recht läßt sie sich nicht vererben. Schon der Soldatenkönig mußte die Neigungen seines Sohnes zerbrechen, um aus ihm den preußischen Erben, den »würdigen successor« zu formen.

Friedrich hat das mit seinem Neffen gar nicht erst versucht und dem eigenen Lebenswerk wenig Standfestigkeit zugetraut. Er hat gesagt: »Wenn nach meinem Tode mein Herr Neffe in seiner Schlaffheit einschlummert, sorglos in den Tag hineinlebt, wenn er in seiner Verschwendungssucht das Staatsvermögen verschleudert und nicht alle Fähigkeiten seiner Seele neu aufleben läßt, so wird Herr Joseph [der Kaiser] ihn über den Löffel barbieren, und in dreißig Jahren wird von Preußen und vom Hause Brandenburg keine Rede mehr sein.« Aber nichts von der wilden Angst und brutalen Energie des Soldatenkönigs springt jetzt noch auf; mit gelassenem Pessimismus blickt Friedrich der Zukunft entgegen – oder mit dem zynischen Beiklang, der ihm eigen ist: Der historische Ruhm seines Königtums ist gesichert, und worum sonst soll man sich sorgen?

Tatsächlich brachte nach nur zwanzig Jahren zwar nicht ein österreichischer Kaiser, aber der aus Frankreich das friderizianische Preußen zum Einsturz; übrigens ausdrücklich hat Napoleon die Geschichte der preußischen Großmacht eine Episode genannt. Das ist sie dann doch nicht gewesen. Aber es waren tüchtige Minister, Beamte und Militärs, die den Staat wieder aufrichteten und den immer zaudernden König mit viel Mühe dazu nötigten, ihnen zu folgen.

Auf eine seltsame Weise hat das klassische Preußen gleichwohl weit in die Zukunft gewirkt. Stets wurde von den Königen erwartet, daß sie sich als pflichteifrig und arbeitsam erwiesen. Ein Rückzug in die pure Repräsentation blieb ausgeschlossen, und eine Neigung zum Wohlleben und zu »Affären«, wie bei Friedrich Wilhelm II., verfiel der Verachtung, so als sei von da aus die Katastrophe zu erklären, die folgte.

Wie wirksam das Modell des klassischen Preußen bis zuletzt geblieben ist, zeigt die Selbstdarstellung Wilhelms II. »Das Bewußtsein Ihrer Meine Arbeit treu begleitenden Sympathie flößt Mir stets neue Kraft ein, bei der Arbeit zu beharren und auf dem Wege vorwärtszuschreiten, der Mir vom Himmel gewiesen ist«, hieß es 1892 in einer Kaiserrede. 1903 und in Kassel, wo er die Schule besucht hatte, sagte Seine Majestät: »Die ernsthaften unablässigen Vorbereitungen, die Ich in Meinen Studien auf dem Gymnasium und unter der Leitung des Geheimrats Hinzpeter hier vornehmen konnte, haben Mich befähigt, die Arbeitslast auf die Schultern zu nehmen, die von Tag zu Tag in wachsender Bürde zunimmt. Und wenn schon damals Meine Lehrer, überzeugt von der hohen Aufgabe, die ihnen übergeben war, alles daransetzten, jede Stunde und jede Minute auszunutzen, um Mich für den kommenden Beruf vorzubereiten, so glaube Ich doch, daß niemand von ihnen sich hat vorstellen können, welch ungeheure Arbeitslast und welche niederdrückende Verantwortung demjenigen aufgebürdet ist, der für 58 Millionen Deutsche verantwortlich ist. Jedenfalls bereue Ich keinen Augenblick die Mir damals schwer vorkommenden Zeiten, und Ich kann wohl sagen, daß die Arbeit und das Leben in der Arbeit Mir zur zweiten Natur geworden sind.«

Man erkennt die friderizianische Stilisierung: Nach einer schweren Jugend wächst nicht nur aus dem Gesetz der Erbfolge, sondern aus der Arbeit die Berufung zum Herrscher. In Wahrheit war Wilhelm II. fast ständig unstet unterwegs, wie auf der Flucht vor geregelter Arbeit, so daß der Hofmarschall Graf Zedlitz-Trützschler klagte: »Neun Monate reisen, nur die Wintermonate zu Hause! Wo aber bleibt auch da bei fortgesetzter Geselligkeit Zeit für ruhige Sammlung und ernste Arbeit?« Treffsicher erfand der Berliner Witz die passende Formel: »Ich habe keine Zeit zum Regieren.« Doch gerade im Kontrast von Wort und Wahrheit wird die fortwirkende Macht des preußischen Maßstabes sichtbar; wenigstens dem Anschein nach muß der Monarch ihr gehorchen.

Daß das Modell des klassischen Preußen für die Dauer nicht taugt, zeigt sich in der weltgeschichtlichen Perspektive. Das Königtum, unter welcher Bezeichnung auch immer, ist ja eine uralte, menschheitliche Institution. Freilich fällt es uns schwer, sie noch zu verstehen, weil wir als moderne, angeblich aufgeklärte Menschen von einem Begriff des Politischen ausgehen, der das rationale, zweckgerichtete Handeln in den Mittelpunkt rückt. In solcher Sicht erscheint dann Friedrich mit Recht als ein großer König. Unter vormodernen Verhältnissen kommt es aber nicht darauf an, klug durch die Stromschnellen reißender Veränderungen zu steuern und möglichst viel zu leisten. Statt dessen ist der Ursprung, die Herkunft wichtig – und das Bewahren des Ursprungs. Er stellt sich dar in einer geheiligten Figur, eben im König – und im Ritual oder wenn man so will im Bühnenspiel, das ihn den Menschen zeigt. Damit wird gestiftet und ins Bild gebracht, was die Einheit eines Stammes, eines Volkes oder Kulturkreises ausmacht. Heute reden wir von »Identität« – und geraten in Verwirrung über der Frage, was sie denn sein soll, weil nichts und niemand ihr noch zur Anschauung hilft.

Das Ritual mag den Regenten derart dicht umstellen, daß ihm fürs Persönliche, für eigene Bewegungen wenig oder gar kein Raum bleibt. Man denke ans chinesische Kaisertum, an den Tenno in Japan oder andere asiatische Kulturen: Der Herrscher erscheint uns wie eine Marionette an den Fäden des Rituals. Aber an seinen »richtigen« Worten und Handlungen hängt das Heil, die Gunst des Himmels und eben die Identität, auf die es ankommt. Ungewohnte, vom Herkommen abweichende Worte und Bewegungen wären die »falschen«, weil sie die Kontinuität zerstören, und müßten den Fluch der Götter auf sich ziehen.

In diesem Sinne ist das Überpersönliche und gerade nicht die persönliche Leistung wichtig. Der Engländer Walter Bagehot hat mit Recht gesagt, daß Könige in der Regel nur Durchschnittsmenschen seien – und zwar durch die Umstände ihrer Erziehung beschädigte Durchschnittsmenschen; im »wirklichen« Leben würden viele sich als Versager erweisen. Doch in die Regeln des Rituals, die nichts Eigenes verlangen, kann jeder sich einfügen, sogar der Schwächere oder vielleicht gerade der Schwächere. Fürs nüchterne, zielgerichtete Handeln sind dann andere da: Minister, Hausmeier, Wesire und Feldherren – die Leute eben, die man fürs Tüchtigsein braucht oder die man köpft, wenn sie versagen.

Freilich ist nicht auszuschließen, daß es manchmal kluge Könige gibt. Aber diese Klugheit darf sich nicht zur Schau stellen. »Tatsächlich besteht dauernder Anlaß, daß der klügste Monarch und einer, der sich seiner Klugheit sicher ist, von ihr nur sehr zögernd Gebrauch macht«, heißt es bei Bagehot. Die Weisheit Wilhelms I. bestand darin, daß er seinem Großwesir Bismarck das Handeln überließ, und sei es mit Seufzen. Die Torheit Wilhelms II. aber war, daß er es niemals verstand, seine Begabungen zu zügeln.

Das Ritual heiligt den Herrscher; es schützt vielleicht nicht immer die Person, aber die Institution, und läßt das Königtum überdauern. Erst die Banalität der Moderne führt zur Vernichtung. Die spanischen Beutemacher zum Beispiel erobern mit einer Handvoll Leuten das Reich der Azteken, denn im Duell des Unvergleichbaren hat Moctezuma gegen Cortez keine Chance. Sieht man hiervon einmal ab, so gilt als weltgeschichtliche Regel, daß das Königtum eben nicht an »Leistungen« gemessen werden darf – und schon gar nicht an einer »Größe«, die ins Heldische fortreißt. Königtum und Heldentum sind ihrem Wesen nach so verschieden, wie die Märchen erzählen: Der jugendliche Held mag durch Kraft oder Klugheit, durch seinen Mut oder mit List das Herz und die Hand der Königstochter gewinnen. Doch mit der Hochzeit endet die Geschichte seiner Abenteuer, und von da an bleibt nur noch zu sagen, daß König und Königin miteinander glücklich lebten bis ans Ende ihrer Tage. Wo dagegen der König und der Held sich in einer Person vereinigen, wie in Alexander dem Großen, da gibt es kein Überdauern mehr, keine gesicherte Nachfolge. Ein Zeitalter der Verwirrungen, der Diadochenkämpfe kündigt sich an, nach dem Motto: »Wehe dem Land, das Helden nötig hat!«

Sogar in die neuere europäische Geschichte ragt das Altehrwürdige noch hinein. Das absolutistische Modell, wie es im Sonnenkönigtum Ludwigs XIV. sich glanzvoll entwickelt, verbindet die Repräsentation mit der strengen Etikette; darin erkennt man, obwohl bereits auf dem Weg in die Verweltlichung, die vom Ritual umschlossene Darstellung einer geheiligten Herkunft. Übrigens noch bis zur Schwelle der Revolution, ja nach der Unterbrechung eines Vierteljahrhunderts bis 1825 heilen die französischen Könige Krankheiten durch ein rituelles Handauflegen. Sie sagen: »Le roi te touche, Dieu te guérisse.« Gott also heilt durch die Berührung des Königs. Ähnlich in England: Aus der Regierungszeit Karls II. wird von annähernd hunderttausend Heilungen berichtet. Und man kann sie verstehen: Soweit das Herkommen noch trägt, ist es der Glaube, der die Berge versetzt.

Man verzeihe die Umwege. Aber erst in der weltgeschichtlichen Perspektive wird auf einmal fragwürdig, was wir für selbstverständlich halten, weil wir es kennen. Es wird sichtbar, wie neu und traditionslos, wie revolutionär das klassische Preußen seinem Wesen nach war. Um beim Beispiel zu bleiben: Beinahe alles kann man sich bei Friedrich vorstellen, nur nicht, daß er Sprüche murmelnd Menschen die Hand auflegt und sie heilt. Aller Glanz und alle Größe sind an die nüchterne Leistung gebunden; aus der Traditionslosigkeit erklärt sich der preußische Vorsprung an Modernität und der unerwartete Aufstieg zur Großmacht, den zum Staunen oder Schrecken der Mit- und der Nachwelt zwei Könige erkämpfen.

Zugleich und noch einmal wird sichtbar, warum dem klassischen Preußen keine Dauer beschieden sein konnte. Wenn nämlich alles sich zur Frage nach der überragenden Leistungsfähigkeit zuspitzt, dann wird dem Königtum seine Grundlage, die tiefere Rechtfertigung schon entzogen – und sei es im ersten Schritt noch so ruhmreich wie bei Friedrich Wilhelm und Friedrich. Denn wenn der König wirklich als »der erste Diener« seines Staates auftritt und beurteilt wird, dann laden unbedeutende Nachfolger zur Frage nach anderen, möglicherweise tüchtigeren Dienstleuten ein. Und auf einer zweiten Stufe stellt sich die Frage, warum denn das Personal noch unkündbar ist. Warum soll es nicht am Erfolg oder Versagen gemessen und nur auf Zeit und auf Widerruf angestellt werden?

Für den Weg in die Zukunft taugt im Grunde nur noch das englische Modell, wie es seit der »glorreichen« Revolution von 1688 sich entwickelte. Walter Bagehot hat es uns erklärt, indem er zwei Arten von Institutionen unterschied. Die einen nannte er »efficient«, die anderen »dignified«. Man könnte das mit »leistungsbezogen« und »ehrwürdig« übersetzen oder von Macht und Vertrauen reden. Das Parlament, genauer das Unterhaus, und die von seinen Mehrheiten getragenen Regierungen stellen die mächtigen und mit Fug an ihren Leistungen gemessenen Institutionen dar. Die Monarchie dagegen, von der Macht verabschiedet, von ihren Kämpfen und Wechselfällen entlastet, repräsentiert die Einheit der Nation, ihren Ursprung und ihre Kontinuität in der Geschichte. Sie nimmt die symbolische Funktion wahr, die zum Königtum immer gehörte. Alle noch überdauernden Monarchien Europas entsprechen diesem Modell, wie das japanische Kaiserhaus seit jeher schon.

Das preußische Modell steht dazu im krassen Gegensatz; es verkörpert die mächtige oder wenn man so will die heldische Monarchie. Darum treten die Könige und Kaiser mit Vorliebe in Uniform auf und ziehen, sobald ein Krieg ausbricht, mit ihren Truppen ins Feld. Aber diese Macht trägt den Zerfall, einen Keim des Todes schon in sich. Darauf hat in seinem Werk »Über die Demokratie in Amerika« Alexis de Tocqueville prophetisch hingewiesen. Er spricht zwar vom Heiligen, von der Religion, aber mit ihr ist im Ursprung das Königtum so eng verbunden, daß es erlaubt scheint, im folgenden Text die Begriffe auszutauschen. Wir lesen dann über die Monarchie:

»In die bitteren Leidenschaften dieser Welt verstrickt, wird sie manchmal gezwungen, Verbündete zu verteidigen, die eher aus Nützlichkeit denn aus Liebe zu ihr stehen; und sie muß Menschen als Gegner zurückweisen, die sie oft noch lieben, obwohl sie die Verbündeten der Monarchie bekämpfen. Die Monarchie kann sich daher an der Macht der Regierenden nicht beteiligen, ohne etwas von dem Haß auf sich zu ziehen, den diese erregen... Mit unbeständigen Mächten verkettet, erduldet sie deren Schicksal, und oft stürzt sie mit den Eintagsleidenschaften, von denen jene getragen werden. Wenn sich die Monarchie mit politischen Mächten verbindet, kann sie also nur ein Bündnis eingehen, das sie belastet. Sie bedarf ihrer Hilfe zum Leben nicht, und ihnen dienend kann sie untergehen... Je mehr eine Nation sich demokratisiert..., desto gefährlicher ist die Verbindung von Monarchie und staatlicher Macht, denn die Zeiten nahen, da die Macht von Hand zu Hand geht.«

Damit ist das Urteil gesprochen. Weder ein ehrwürdiges Alter noch die Bajonette gewähren noch Schutz; alle Dynastien müssen stürzen, die nicht beizeiten von der Macht sich verabschieden. Revolutionen fegen sie hinweg, wie 1792 den König von Frankreich, wie 1917 den Zaren von Rußland oder 1974 den Kaiser von Äthiopien und 1979 den Schah von Persien.

Zum Verhängnis unserer neueren deutschen Geschichte gehört, daß konservative Kräfte sich aufs preußische Vorbild beriefen und die mächtige Monarchie als Schutzschild und Tarnkappe benutzten, um die eigene Vorherrschaft zu sichern. Parteiwesen, Parlamentarismus und Demokratie wurden als wesensfremd diffamiert. Der extrem konservative Elard von Oldenburg-Januschau hat diesen Mißbrauch der Monarchie auf seine Formel gebracht, als er in einer Reichstagsrede erklärte: »Der König von Preußen und der deutsche Kaiser muß jeden Moment imstande sein, zu einem Leutnant zu sagen: Nehmen sie zehn Mann und schließen Sie den Reichstag!«

Aber die gleichen Kräfte waren es dann, mit den Generälen vorweg, die in der Niederlage von 1918 den Kaiser als einen Sündenbock fortstießen, um sich selbst zu retten. Und weil die mächtige Monarchie sich als zu schwach erwiesen hatte, setzte man schließlich auf die pure Gewalt, auf den erlösenden FÜHRER, den kein Recht mehr begrenzte.

Die Berufung auf Preußen: Der »Tag von Potsdam« am 21. März 1933, in der Garnisonskirche, vor den Särgen des frommen Soldatenkönigs und Friedrichs des Großen, des Aufklärers auf dem Thron, unter dem Glockenspiel »Üb' immer Treu' und Redlichkeit« – er mochte ein Schmierentheater sein. Als wirkungsvolle Inszenierung erwies er sich dennoch. Sinnfällig Gereimtes wurde verbreitet:

»Du bist nicht gestorben, König Fritz.
Du lebst! Und dein Blick hat uns alle durchglüht,
Und all das Große, das jetzt geschieht.
Du gibst unserem Führer den Krückstock zur Hand:
›Da, mach Er mir Ordnung im Preußenland.
Er kann's! Von allen nur Er allein.
Er soll meines Willens Vollstrecker sein!‹«

Das ist dem klassischen Preußen nun gewiß nicht zuzurechnen, sondern dem nationalistischen Wahn und der verlogenen Ruhmrednerei, die es zerstörten. Um beides abzuwehren, sollten wir uns am Ende noch einmal den Menschen zuwenden, von denen dieses Buch handelt.

Von Anfang an sind sie in einen Zwiespalt, in den Widerspruch eingespannt, der keinen Ausweg läßt. Denn auf der einen Seite gilt das Erbprinzip: Vom Schicksal vorbestimmt, wird man zum Thronerben und König oder zum Prinzen geboren. Niemand kann daran etwas ändern, nicht einmal ein so eigenwilliger und machtbewußter Herrscher wie Friedrich Wilhelm I.

Auf der anderen Seite soll es auf die Leistung ankommen. Die aber muß man wählen dürfen oder sich in das Amt wählen lassen, das sie fordert. Denn nur aus dem eigenen Vermögen, in persönlicher Verantwortung läßt sie sich erbringen.

Friedrich der Große – Bismarck – Hitler:
Schamlos, doch weithin erfolgreich beriefen die
Nationalsozialisten sich auf Preußen, als
gehöre es ihnen. Postkarte 1933.

Und die Verantwortung, altmodisch ausgedrückt das Ehrge-
fühl, gebietet, daß man zurücktritt, wenn man den Anforderungen des Amtes nicht gewachsen ist, aus welchen Gründen
auch immer. So jedenfalls gehört es zum modernen Verständnis, sei es für Staatsmänner oder für Wirtschaftsführer.

Mit dem Zusammenzwingen von Erbprinzip und Leistung
wird im Grunde das Unmögliche gefordert. Und es gibt keine
Entlastung. Noch einmal zum Vergleich: Im vormodernen
Königtum mag zwar der Herrscher sehr eng umschnürt sein;
ein geheiligtes Regelwerk schreibt ihm sein Schau-Spiel vor.
Doch gerade damit wird er von der eigenen Leistung entbun-
den. Und wo eine Schaubühne ist, gibt es auch ein Dahinter.
Dort kann man die persönlichen Neigungen ausleben, zum
Beispiel bei der Jagd oder mit Liebhabern, Mätressen, einem
»Harem von Hoffräuleins«. Anders und doch wiederum ver-
gleichbar gehört zu den modernen Verhältnissen nicht nur die
Wahlfreiheit, sondern eine prinzipielle Trennung von Öffent-
lichkeit und Privatheit.

Die preußischen Könige sollen also Leistungen erbringen,
und wie moderne Geschäftsleute werden sie nach ihnen be-

urteilt. Aber es gibt für dieses Königtum weder das »Dahinter« im alten, noch die Privatheit im neueren Sinne. Man verfehlt sie, wenn man sie sucht. Friedrich Wilhelm I. möchte ein vorbildliches, wenn man so will gutbürgerliches Familienleben führen – zur Entrüstung seiner Gemahlin, die noch den traditionellen Vorstellungen verhaftet bleibt. Der König will Liebe geben und fordert sie ein. Aber diese Liebe verdirbt, sie schlägt in Angst, Wut und Haß um, weil der älteste Sohn eben nicht ein Bürgerkind, sondern der Thronerbe ist, den man zum »würdigen successor« formen oder brechen muß.

Ähnlich überall. Für Friedrich sind August Wilhelm und Heinrich nicht nur die jüngeren Brüder, die er in die Freiheit ihrer eigenen Berufswahl oder schlicht ins Privatleben entlassen kann, sondern die Prinzen, die zum König von Preußen gehören. So gesehen ärgert er sich sogar mit Recht und reagiert bitterböse, wenn sie sich Freiheiten erlauben und aus der Rolle fallen, wie der eine mit dem »Harem von Hoffräuleins« und der andere mit seinem »Günstling«. Für Friedrich selbst aber bleibt einzig die unermüdliche Arbeit – und als ihre Konsequenz die Vereinsamung, die Herzensversteinerung und Menschenverachtung.

Der preußische Widerspruch betrifft indessen nicht nur Könige und Prinzen, sondern eigentlich jedermann. Der Tugendkanon, zu dem der Soldatenkönig seine Untertanen erziehen will, stammt, wie zu zeigen war, aus der niederländischen Bürgergesellschaft. Ein Anspruch auf Freiheit und Gleichheit ist in ihm angelegt: Fleiß, Sparsamkeit und Leistungsbereitschaft ergeben erst dann einen Sinn, wenn im offenen Wettbewerb jeder alles erreichen kann, was seinem Einsatz entspricht. »Suum cuique« – »Jedem das Seine«: So könnte man den preußischen Wahlspruch deuten. Oder doch nicht? Zum klassischen Preußen gehört eine strenge Ständeordnung. Bauer, Bürger und Edelmann sind nicht gleich, sondern ungleich, und jeder soll an dem Platz bleiben, auf den die Geburt ihn gestellt hat.

Ein berühmtes Dokument hat den Sachverhalt in seine abschließende Form gebracht: das Allgemeine Landrecht für die Preußischen Staaten. Es tritt erst 1794 in Kraft, aber viele Jahre der Vorbereitung waren nötig, schon 1780 hat Friedrich seinem Großkanzler Graf Carmer die Ausarbeitung befohlen. Darum handelt es sich um ein Testament des friderizianischen Staates. Auf der einen Seite werden Rechtsprinzipien entwikkelt, die in die Zukunft weisen: Alle Menschen sind vor dem Gesetz gleich. Auch ein fronpflichtiger Bauer kann seinen Gutsherrn und sogar den König verklagen, wenn ihm Unrecht geschieht. Auf der anderen Seite werden die Ständerechte in ihre gesetzliche Form gebracht: Die Menschen sind und bleiben verschieden.

Edle Naturen haben den Widerspruch immer empfunden. Und vielleicht jetzt erst läßt sich erklären, warum die wahren Preußen sich spröde entziehen, wenn man an ihr Inneres rührt. Der Stolz und die Scham schweigen vom Streit der Gefühle. Nur der Dichter, nur Heinrich von Kleist hat in seinem preußischen Lehrstück »Prinz Friedrich von Homburg« das Schweigen gebrochen – und am Ende mit dem Leben bezahlt.

Verständlich wird wohl auch jetzt erst der überragende Rang, den die Pflichterfüllung gewann. Ihre Verklärung überdeckt den Widerspruch; sie zwingt das Unvereinbare zur Einheit: Im »Erfüllen« steckt die Leistung, zu der man sich in Freiheit, aus der eigenen Verantwortung bestimmt – und in der »Pflicht« die Vorentscheidung durch die Geburt, die die Freiheit widerruft, weil es keine Wahl, kein Ausweichen gibt.

Für die Unedlen fand sich allerdings der bequeme Weg: Befehl ist Befehl, und wer nur gehorcht, muß weiter nicht fragen. Die Zweifel, die womöglich noch bleiben, werden vom stocksteifen oder dem forschen Auftreten überspielt; im wilhelminischen Deutschland hat der Theologe und Philosoph Ernst Troeltsch von »den Idealen der kurzangebundenen Schneidigkeit und der bürokratischen Amtshoheit« gesprochen, »von denen der Nachwuchs der regierenden Klassen weithin erfüllt ist.«

Wir haben vom Prinzen Heinrich erzählt, weil er zu den wahrhaft edlen Naturen gehörte. Er wollte etwas leisten, er fühlte sich zu Großem berufen. Aber was wiegt die Leistung,

Büste des Prinzen Heinrich von
Jean-Antoine Houdon, 1789. An diesen Prinzen
erinnern, heißt eines Preußentums gedenken,
in dem es über die Pflichterfüllung hinaus um
Freiheit und um Menschlichkeit ging.

wie kann man sie werten, wenn sie dem Prinzen von Geblüt
zufällt, der einen kaum noch auszumessenden Vorrang vor
anderen hat? Und wie andererseits kann man die Freiheit, die
Würde der Verantwortung, die eigene Bestimmung zu Leistung begründen, wenn man immerfort, lebenslang, herum-
kommandiert wird? Wenn man als eine Art von Leibeigener
dem Bruder zu Diensten sein soll, der der allmächtige König
ist? Und wenn man dessen Ratschlüssen folgen muß, die sich
noch in ihrem Wohlwollen von Launen, von der Willkür
kaum unterscheiden lassen?

Immer wieder hat man dem Prinzen die Verfinsterung vor-
gehalten, die ihn befiel. Aber gehört sie nicht, als die andere
Seite, zu Heinrichs Traum von der Freiheit? Allerdings und
ärgerlich genug führte dieser Traum über Preußen hinaus,
nach Frankreich hinüber. Und gewiß nicht im Sinne des jako-
binischen Terrors, jedoch als Verheißung bezog er ein, was
1789 begann. Soll man nun über den Preußen und den Prinzen spotten, dem Menschen- und Bürgerrechte, Freiheit und

Gleichheit etwas bedeuteten? Georg Wilhelm Friedrich Hegel, der »preußische Staatsphilosoph«, hat in seinen »Vorlesungen über die Philosophie der Geschichte« die Verheißung gewürdigt:

»Der Gedanke, der Begriff des Rechts machte sich mit einem Male geltend, und dagegen konnte das alte Gerüste des Unrechts keinen Widerstand leisten. Im Gedanken des Rechts ist also jetzt eine Verfassung errichtet worden, und auf diesem Grunde sollte nunmehr alles basiert sein. Solange die Sonne am Firmamente steht und die Planeten um sie herumkreisen, war das nicht gesehen worden, daß der Mensch sich auf den Kopf, das ist, auf den Gedanken stellt und die Wirklichkeit nach diesem erbaut... Es war dieses somit ein herrlicher Sonnenaufgang. Alle denkenden Wesen haben diese Epoche mitgefeiert. Eine erhabene Rührung hat in jener Zeit geherrscht, ein Enthusiasmus des Geistes hat die Welt durchschauert, als sei es zur wirklichen Versöhnung des Göttlichen mit der Welt nun erst gekommen.«

Davon wollte man später in Preußen und in Deutschland nichts mehr wissen, je weiter entfernt, desto weniger. Die wirkliche Verfinsterung begann: »1789« wurde zum Anti-Symbol, zum Gegenpol der eigenen Berufung, zum Feindbild schlechthin. Darum paßte der edle Preuße nicht mehr ins Bild; darum hat man ihn ins Vergessen gedrängt.

Darum jedoch hat dieses Buch von Heinrich wie von Friedrich erzählt. In der Bruderbeziehung gibt es das Große wie die Abgründe; aus ihr lernen wir verstehen, was Fontane gemeint hat, als er vom gleich sehr zu hassenden und zu liebenden Preußen sprach.

Zeittafel zum
Jahrhundert Friedrichs und Heinrichs

1701	Kurfürst Friedrich III. krönt sich als Friedrich I. zum »König in Preußen«
1712	Friedrich wird am 24. Januar geboren
1713–1740	Regierungszeit Friedrich Wilhelms I.
1726	Heinrich wird am 18. Januar geboren
1730	Friedrichs Fluchtversuch und Prozeß; Hinrichtung Kattes
1732	Friedrich als Regimentskommandeur in Neuruppin
1733	Verheiratung Friedrichs mit Elisabeth Christine von Braunschweig-Bevern
1736–1740	Friedrichs Rheinsberger Jahre
1740	Thronbesteigung Friedrichs und Maria Theresias
1740–1742	Erster Schlesischer Krieg; Schlachten bei Mollwitz Chotusitz
1744–1745	Zweiter Schlesischer Krieg; Schlachten bei Hohenfriedberg, Soor und Kesselsdorf
1750–1753	Voltaire in Sanssouci
1752	Verheiratung Heinrichs mit Wilhelmine von Hessen-Kassel; Erlaubnis, in Rheinsberg zu wohnen
1756–1763	Siebenjähriger Krieg
1757	Schlachten bei Prag, Kolin, Roßbach und Leuthen; Demütigung des Prinzen August Wilhelm
1758	Schlachten bei Zorndorf und Hochkirch; Heinrich Oberbefehlshaber in Sachsen. Tod August Wilhelms
1759	Schlacht bei Kunersdorf
1760	Schlachten bei Liegnitz und Torgau

1762	Tod der Zarin Elisabeth und Bündniswechsel Rußlands; Schlacht bei Freiberg
1763	Friede von Hubertusburg
1765–1790	Kaiser Joseph II.
1770	Erste Reise Heinrichs zur Zarin Katharina
1772	Erste polnische Teilung
1776	Zweite Reise Heinrichs nach Rußland
1778–1779	Bayerischer Erbfolgekrieg
1780	Tod Maria Theresias
1784	Erste Reise Heinrichs nach Frankreich
1786	Friedrich stirbt am 17. August
1786–1797	König Friedrich Wilhelm II.
1788–1789	Zweite Reise Heinrichs nach Frankreich
1789	Ausbruch der Französischen Revolution
1792–1797	Erster Koalitionskrieg gegen Frankreich
1793	Zweite polnische Teilung
1794	Allgemeines Landrecht für die Preußischen Staaten
1795	Dritte polnische Teilung. Im Frieden zu Basel scheidet Preußen aus dem Krieg gegen Frankreich aus
1797	Regierungsantritt König Friedrich Wilhelms III.
1802	Heinrich stirbt am 3. August

Hinweise zur Literatur

Im folgenden werden Quellenwerke ebenso genannt wie gelehrte Abhandlungen und populäre Darstellungen, so daß der Leser je nach seinen Neigungen eine eigene Auswahl treffen kann. Da die Bücher über den Prinzen Heinrich in der Regel kaum mehr bekannt sind, wurden sie mit einigen Anmerkungen versehen.

Friedrich der Große

Œuvres de Frédéric le Grand, herausgegeben von Johann D. Preuß, 30 Bände, Berlin 1846–1856

Die Werke Friedrichs des Großen, herausgegeben von Gustav Berthold Volz, 10 Bände, Berlin 1912

Politische Correspondenz Friedrichs des Großen, bearbeitet von Reinhold Koser und anderen, 46 Bände und 1 Ergänzungsband, Berlin 1879–1939

Friedrich der Große: Gespräche mit Henri de Catt, Ausgabe München 1981

Aretin, Karl Otmar von: Friedrich der Große – Größe und Grenzen des Preußenkönigs, Freiburg, Basel und Wien 1985

Bethke, Erhard (Herausgeber): Friedrich der Große – Herrscher zwischen Tradition und Fortschritt, Gütersloh 1985

Carlyle, Thomas: The History of Frederick II of Prussia, Called Frederick the Great, 6 Bände, London 1858–1865. Deutsch: Die Geschichte Friedrichs des Zweiten... Berlin 1859–1869

Dollinger, Hans: Friedrich II. von Preußen, München 1986

Gaxotte, Pierre: Friedrich der Große, 2. Auflage Berlin 1972

Holmsten, Georg: Friedrich II. in Selbstzeugnissen und Bilddokumenten, Reinbek 1969

Koser, Reinhold: Geschichte Friedrichs des Großen, 4 Bände, Neuausgabe Darmstadt 1963

Lavisse, Ernest: Die Jugend Friedrichs des Großen, 1712–1733, Berlin 1919

Leuschner, Hans: Friedrich der Große. Zeit – Person – Wirkung (Chronik und Lexikon), Gütersloh 1986

Macauley, Thomas: Friedrich der Große – Ein historischer Essay. Neuausgabe Berlin 1971

Mittenzwei, Ingrid: Friedrich II. von Preußen – Eine Biographie, 5. Auflage Berlin 1990

Ritter, Gerhard: Friedrich der Große – Ein historisches Profil, 3. Auflage Heidelberg 1954.

Schieder, Theodor: Friedrich der Große – Ein Königtum der Widersprüche, Frankfurt am Main, Berlin und Wien 1983

Treue, Wilhelm (Herausgeber): Preußens großer König – Leben und Werk Friedrichs des Großen, Freiburg und Würzburg 1986

Ziechmann, Jürgen (Herausgeber): Panorama der Fridericianischen Zeit – Friedrich der Große und seine Epoche. Ein Handbuch, Bremen 1985

Prinz Heinrich von Preußen

Berner, Ernst und Volz, G. B. (Herausgeber): Aus der Zeit des Siebenjährigen Krieges – Tagebuchblätter des Prinzen Heinrich und des Königlichen Hauses; Quellen und Untersuchungen zur Geschichte des Hauses Hohenzollern, Band IX, Berlin 1908
Unveröffentlichte Briefwechsel des Prinzen Heinrich befinden sich im Brandenburg-Preußischen Hausarchiv und im Preußischen Geheimen Staatsarchiv zu Berlin.

Heinrich, Prinz von Preußen: Considérations sur la guerre de sept ans, herausgegeben von Raymond Tabournel, in: Revue des études historíques, 1902, S. 5–26

Heinrich, Prinz von Preußen (unter dem Pseudonym Maréchal Gessler): Mèmoire sur la situation présente de sa Majesté Prussienne, par le Maréchal Gessler, du 19 Novembre 1753, in: Forschungen zur brandenburgischen und preußischen Geschichte, Band XXXIV, 1922, S. 246–264

Krauel, Richard (Herausgeber): Briefwechsel zwischen Heinrich von Preußen und Katharina II. von Rußland 1770–1780; Quellen und Untersuchungen zur Geschichte des Hauses Hohenzollern, Band VIII, Berlin 1903

Bernhardi, Theodor von: Friedrich der Große als Feldherr, 2 Bände. Berlin 1881
Parteigänger Friedrichs mit krasser Abwertung Heinrichs.

Bisset, Andrew: Memoirs and Papers of Sir Andrew Mitchell, K. B., 2 Bände, London 1850
Die Aufzeichnungen des britischen Gesandten, der erst Friedrich, dann Heinrich im Siebenjährigen Krieg begleitete.

Böthling, Gerhard: Friedrich der Große und sein Bruder Heinrich in ihrem Verhältnis als Feldherren, Jenaer Dissertation, Halle 1929
Hier werden die Meinungsgegensätze herausgearbeitet.

Bülow, Adam Heinrich Dietrich von: Prinz Heinrich von Preußen – Kritische Geschichte seiner Feldzüge, 2 Bände, Berlin 1805
Das Gegenstück zu Bernhardi: Im Grunde nicht Friedrich, sondern Heinrich hat Preußen gerettet.

Crousaz, H. von: Prinz Heinrich, der Bruder Friedrichs des Großen, Berlin 1876

Easum, Chester V.: Prinz Heinrich von Preußen, Bruder Friedrichs des Großen, Göttingen, Berlin und Frankfurt am Main 1958
Die neuere Standardbiographie, leider mangelhaft im menschlichen Verständnis. Literaturhinweise auch zu Aufsätzen, die hier nicht erwähnt werden.

Geheime Geschichte des Berliner Hofes oder Briefwechsel eines reisenden Franzosen, Teil I und II, Cölln 1789
Die Aufzeichnungen des Grafen Mirabeau, der den Prinzen Heinrich nach Kräften verleumdete.

Grantham, A. E.: Rococo – Life and Times of Prince Henry of Prussia, London 1938
Hier geht es einmal nicht ums Militärische, sondern ums gesellschaftliche Leben und um die literarischen und künstlerischen Interessen.

Guyton de Morveau: La vie privée d'un prince célèbre, ou dètails des loîsirs de Prince Henri du Prusse dans la retraîte à Rheinsberg, Berlin 1784
Eine Huldigungsschrift und keine zuverlässige Quelle, aber als zeitgenössische Darstellung kaum entbehrlich.

Katalog einer Ausstellung: Prinz Heinrich von Preußen in Bildnissen seiner Zeit, Ausstellung in Schloß Rheinsberg, 6. Mai bis 19. Juni 1994, Stiftung Schlösser und Gärten Potsdam-Sanssouci
Neben Heinrichs Bildnissen bietet der Katalog auch eine Lebenschronik.

Krauel, Richard: Prinz Heinrich von Preußen in Paris während der Jahre 1784 und 1788–1789, Berlin 1901

Derselbe: Prinz Heinrich von Preußen als Politiker; Quellen und Untersuchungen zur Geschichte des Hauses Hohenzollern, Band IV, Reihe III, Berlin 1902

Proebst, H.: Die Brüder Friedrichs des Großen, Berlin 1939

Schmitt, Richard: Prinz Heinrich von Preußen als Feldherr im Siebenjährigen Krieg, 2 Bände. Greifswalder Dissertation, Greifswald 1885 und 1897
Bei insgesamt ausgewogener Darstellung erscheint vielfach doch Heinrich als der überlegene Feldherr.

Ulmann, Hellmuth von: Beinahe ein König – Das seltsame Leben des Prinzen Heinrich von Preußen, Bruder Friedrichs des Großen, Hamburg o. J.
Romanhafte Darstellung; statt aber Abgründe auszuleuchten, beschwichtigt sie eher.

Rheinsberg

Hamilton, Andrew: Rheinsberg – Das Schloß, der Park, Kronprinz Fritz und Bruder Heinrich, Ausgabe Berlin und Weimar 1992

(Hennert, Carl Wilhelm): Beschreibung des Lustschlosses und Gartens Sr. Königl. Hoheit des Prinzen Heinrichs, Bruder des Königs, zu Rheinsberg, wie auch der Stadt und der Gegend um dieselbe; Berlin bey Friedrich Nicolai 1778. Unveränderter Nachdruck: Generaldirektion der Staatlichen Schlösser und Gärten Potsdam-Sanssouci 1985
Hennert war der Hofintendant und Baumeister des Prinzen Heinrich.

Fontane, Theodor: Wanderungen durch die Mark Brandenburg, Band I: Die Grafschaft Ruppin, Nymphenburger Ausgabe, München 1977, S. 241–320

Krockow, Christian Graf von: Rheinsberg – Ein preußischer Traum, Leipzig 1992

Die preußische Geschichte

Blasius, Dirk (Herausgeber): Preußen in der deutschen Geschichte, Königstein/Ts. 1980

Büsch, Otto: Militärsystem und Sozialleben im alten Preußen 1713–1807. Die Anfänge der sozialen Militarisierung der preußisch-deutschen Gesellschaft, Berlin 1963

Derselbe (Herausgeber): Preußen und das Ausland – Beiträge zum europäischen und amerikanischen Preußenbild, Berlin 1982

Derselbe/Wolfgang Neugebauer (Herausgeber): Moderne Preußische Geschichte 1648–1947. Eine Anthologie. 3 Bände, Berlin und New York 1981

Craig, Gordon A.: Die preußisch-deutsche Armee 1640–1945, Staat im Staate, Düsseldorf 1960

Dollinger, Hans: Preußen – Eine Kulturgeschichte in Bildern und Dokumenten, München 1980

Droysen, Johann Gustav: Geschichte der preußischen Politik, 5 Teile in 15 Bänden, Leipzig 1868–1886

Engelmann, Bernt: Preußen – Land der unbegrenzten Möglichkeiten, München 1979

Haffner, Sebastian: Preußen ohne Legende, Hamburg 1978

Hinrichs, Carl: Preußentum und Pietismus – Der Pietismus in Brandenburg-Preußen als religiös-soziale Reformbewegung, Göttingen 1971

Derselbe: Preußen als historisches Problem – Gesammelte Abhandlungen, Berlin 1964

Derselbe: Friedrich Wilhelm I. König in Preußen – Eine Biographie. Teil I: Jugend und Aufstieg, 1941, ergänzter Neudruck Darmstadt 1974

Hintze, Otto: Regierung und Verwaltung – Gesammelte Abhandlungen zur Staats-, Rechts- und Sozialgeschichte Preußens, 2. Auflage Göttingen 1967

Derselbe: Die Hohenzollern und ihr Werk – Fünfhundert Jahre vaterländischer Geschichte, Berlin 1915, Neuausgabe Moers 1979

Klepper, Jochen: Der Vater – Roman des Soldatenkönigs, zuerst 1937, Ausgabe Stuttgart 1991

Koselleck, Reinhart: Preußen zwischen Reform und Revolution – Allgemeines Landrecht, Verwaltung und soziale Bewegung von 1791 bis 1848, 3. Auflage Stuttgart 1981

Kunisch, Johannes: Das Mirakel des Hauses Brandenburg – Studien zum Verhältnis von Kabinettspolitik und Kriegführung im Zeitalter des Siebenjährigen Krieges, München und Wien 1978

Meinecke, Friedrich: Brandenburg – Preußen – Deutschland, Kleine Schriften zur Geschichte und Politik (Werke, Band IX), Stuttgart 1979

Menge, Wolfgang: So lebten sie alle Tage – Berichte aus dem alten Preußen, Berlin 1984

Meschkowski, Herbert: Jeder nach seiner Façon – Berliner Geistesleben 1700–1810, München und Zürich 1986

Mirow, Jürgen: Das alte Preußen im deutschen Geschichtsbild seit der Reichsgründung, Berlin 1981

Mittenzwei, Ingrid: Preußen nach dem Siebenjährigen Krieg – Auseinandersetzungen zwischen Bürgertum und Staat um die Wirtschaftspolitik, Berlin 1979

Oestreich, Gerhard: Friedrich Wilhelm I. – Preußischer Absolutismus, Merkantilismus, Militarismus, Göttingen 1977

Ranke, Leopold von: Zwölf Bücher preußischer Geschichte, Ausgabe München 1930

Ritter, Gerhard: Staatskunst und Kriegshandwerk – Das Problem des Militarismus in Deutschland, 4 Bände, München 1954 –1968

Rosenberg, Hans: Bureaucracy, Aristocracy, and Autocracy – The Prussian Experience 1660–1815, 2. Auflage Boston 1966

Schlenke, Manfred (Herausgeber): Preußische Geschichte – Eine Bilanz in Daten und Deutungen, 2. Auflage Freiburg und Würzburg 1981

Schmoller, Gustav: Preußische Verfassungs-, Verwaltungs- und Finanzgeschichte 1640–1888, Berlin 1921

Schoeps, Hans-Joachim: Preußen – Geschichte eines Staates, Berlin ohne Jahr (1966)

Thadden, Rudolf von: Fragen an Preußen – Zur Geschichte eines aufgehobenen Staates, München 1981

Treue, Wilhelm: Wirtschafts- und Technikgeschichte Preußens, Berlin 1984

Vorarbeiten des Verfassers

Friedrich der Große – Ein Lebensbild, Gustav Lübbe Verlag, Bergisch Gladbach 1987

Warnung vor Preußen, Berlin 1981, Neuausgabe im Siedler Verlag 1993

Preußen – Eine Bilanz, Deutsche Verlags-Anstalt, Stuttgart 1992

Besonders ist zu nennen: Rheinsberg – Ein preußischer Traum, Seemann Verlag, Leipzig 1992

Personen- und Ortsregister

Kursive Zahlen verweisen auf Abbildungen.

Bildnachweis

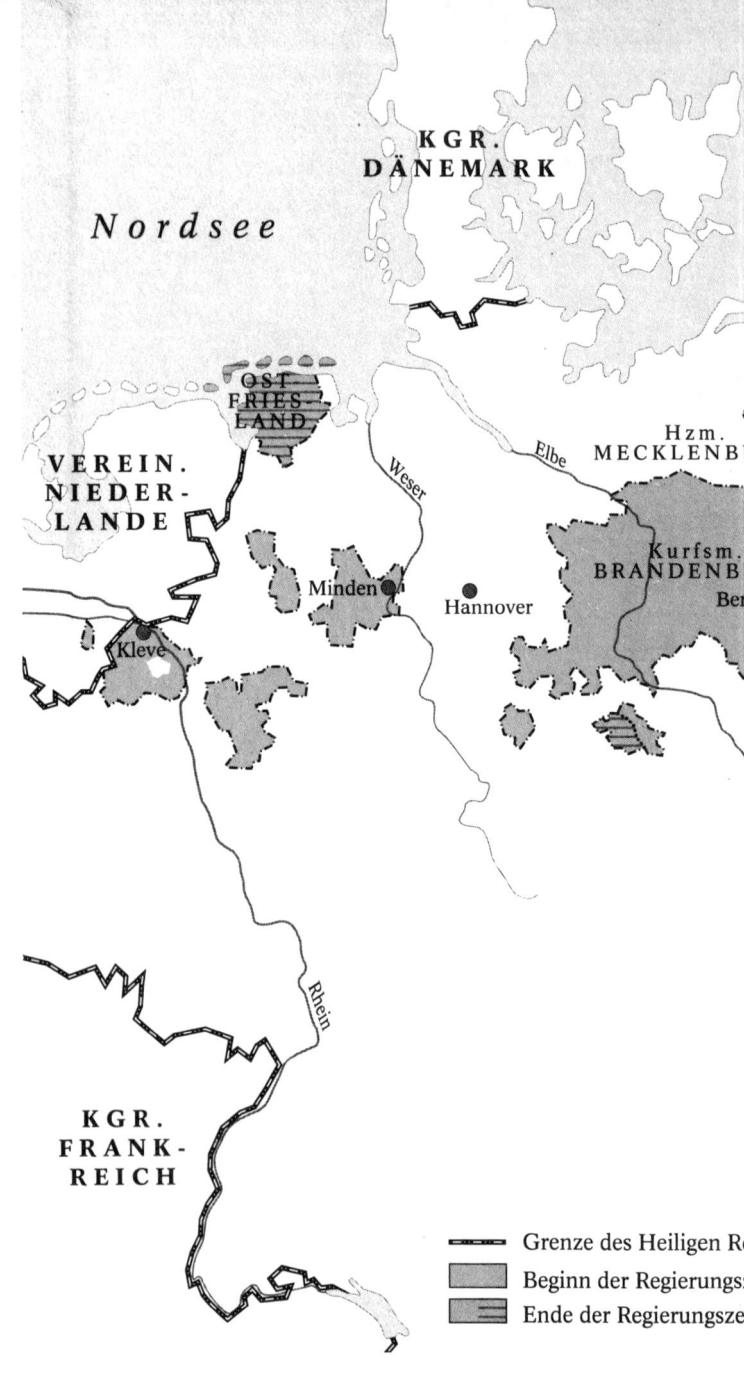

KGR.
DÄNEMARK

Nordsee

OST-
FRIES-
LAND

VEREIN.
NIEDER-
LANDE

Weser

Elbe

Hzm.
MECKLENBU

Kurfsm.
BRANDENBU

Minden

Hannover

Berl

Kleve

Rhein

KGR.
FRANK-
REICH

Grenze des Heiligen Rö

Beginn der Regierungsz

Ende der Regierungszei

R.
DEN

Ostsee

● Königsberg

OST-
PREUSSEN

HINTER
POMMERN

WEST-
PREUSSEN

● Stettin

● Thorn

● Posen

Warthe

Weichsel

KGR. POLEN

SCHLESIEN

● Breslau

len

KGR. UNGARN

ches
s des Großen
des Großen

Preußen 1740 – 1786

KGR.
DÄNEMARK

Nordsee

OST-
FRIES-
LAND

Weser

Elbe

Hzm.
MECKLENBU

VEREIN.
NIEDER-
LANDE

Kurfsm.
BRANDENB

Spand

Potsdam ●

Hzm
KLEVE

MARK

Roßbach ●

Kurfsp
●

Kurfs

Kesselsd ●

Fre

Rhein

KGR.
FRANK-
REICH

Bodensee

Preußen 1772
und die Schlachtenorte der
Schlesischen Kriege

Christian Graf von Krockow im dtv

»Wenn ich Bücher schreibe,
möchte ich Geschichten erzählen.«
Christian Graf von Krockow

Die Stunde der Frauen
Bericht aus Pommern
1944 bis 1947
dtv 30014
Christian Graf von
Krockow erzählt die dramatischen Erlebnisse seiner Schwester in der Zeit
des Kriegsendes und der
Besetzung Pommerns
durch die Russen und
Polen.

Die Reise nach Pommern
Bericht aus einem
verschwiegenen Land
dtv 30046
Eine Reise des Autors läßt
noch einmal die Geschichte
seiner Heimat Pommern
erstehen. Das Buch ist zugleich ein Beitrag zu Vernunft und Ausgleich für
die Zukunft von Deutschen
und Polen.

Friedrich der Große
Ein Lebensbild
dtv 30342
Ein lebendiges Bild des
Menschen Friedrich, das
lange Zeit vom Glanz und
vom Nachruhm des Königs nahezu verdeckt war.

Fahrten durch die Mark Brandenburg
Wege in unsere Geschichte
dtv 30381
Ein literarischer Reisebericht auf den Spuren Fontanes.

Begegnung mit Ostpreußen
dtv 30493
Eine Reise in die Vergangenheit und Gegenwart
Ostpreußens.

„Unser Kaiser"
Glanz und Sturz der
Monarchie
dtv 30539
Eine brillante Analyse der
letzten deutschen Monarchie und ihres Kaisers.

Rheinsberg
Ein preußischer Traum
dtv 30649
Die Geschichte des Schlosses Rheinsberg wird durch
Geschichten plastisch und
lebendig gemacht.

Von deutschen Mythen
Rückblick und Ausblick
dtv 36028

Deutsche Geschichte der neuesten Zeit im dtv

Herausgegeben von Martin Broszat, Wolfgang Benz und Hermann Graml in Verbindung mit dem Institut für Zeitgeschichte, München.

Deutsche Geschichte der neuesten Zeit
im dtv

Gegen das Vergessen
Taschenbücher zum Dritten Reich

Jan-Pieter Barbian
Literaturpolitik im Dritten Reich
Institutionen, Kompetenzen, Betätigungsfelder
dtv 4668

Martin Broszat
Der Staat Hitlers
dtv 4009

Hans Buchheim / Martin Broszat / Hans-Adolf Jacobsen / Helmut Krausnick
Anatomie des NS-Staates
dtv 4637

Dimension des Völkermords
Die Zahl der jüdischen Opfer des Nationalsozialismus
Hrsg. von Wolfgang Benz
dtv 4690

Enzyklopädie des Nationalsozialismus
Hrsg. v. Wolfgang Benz, Hermann Graml und Hermann Weiß
dtv 33007

Norbert Frei
Der Führerstaat
Nationalsozialistische Herrschaft 1933-1945
dtv 4517

Hermann Graml
Reichskristallnacht
Antisemitismus und Judenverfolgung im Dritten Reich
dtv 4519

Lothar Gruchmann
Totaler Krieg
Vom Blitzkrieg zur bedingungslosen Kapitulation
dtv 4521

Ian Kershaw
Hitlers Macht
Das Profil der NS-Herrschaft
dtv 4582

Kurt Meier
Kreuz und Hakenkreuz
Die evangelische Kirche im Dritten Reich
dtv 4590

Die Rückseite des Hakenkreuzes
Absonderliches aus den Akten des Dritten Reiches
Hrsg. von Beatrice und Helmut Heiber
dtv 2967

Bernd Rüthers
Entartetes Recht
Rechtslehren und Kronjuristen im Dritten Reich
dtv 4630

Gegen das Vergessen
Taschenbücher zum Dritten Reich

Robert Antelme
Das Menschengeschlecht
Als Deportierter in
Deutschland
dtv 11279

Inge Deutschkron
Ich trug den gelben Stern
dtv 30000

Inge Deutschkron
**Mein Leben nach dem
Überleben**
dtv 30460

Ich kam allein
Der rettende Transport
jüdischer Kinder nach
England 1938/39
Herausgegeben von
Rebekka Göpfert
dtv 30439

Jizchak Katzenelson /
Wolf Biermann
**Großer Gesang vom
ausgerotteten jüdischen
Volk**
dtv 12233

Ruth Klüger
weiter leben
Eine Jugend
dtv 12261 und
dtv großdruck 25106

Christian Graf von
Krockow
Die Stunde der Frauen
Bericht aus Pommern
1944 bis 1947
dtv 30014

Hans Graf von Lehndorff
**Ostpreußisches
Tagebuch**
Aufzeichnungen eines
Arztes 1945-1947
dtv 30094

Arno Lustiger
**Zum Kampf auf Leben
und Tod!**
Vom Widerstand der
Juden 1933-1945
dtv 30097

**Helmuth James von
Moltke**
Briefe an Freya
1939-1945
Herausgegeben von
Beate Ruhm von Oppen
dtv 2970

Marion Yorck von
Wartenburg
Die Stärke der Stille
Erzählung eines Lebens
aus dem Widerstand
dtv 30090

Frauen, die Geschichte machten

dtv

Frauenleben

Oskar Maria Graf
Das Leben meiner Mutter
dtv 12381

Angelika Schrobsdorff
„Du bist nicht so wie andre Mütter"
Die Geschichte einer leidenschaftlichen Frau
dtv 11916

Ruth Klüger
weiter leben
Eine Jugend
dtv großdruck 25106

Anna Wimschneider
Herbstmilch
Lebenserinnerungen einer Bäuerin
dtv großdruck 25059

Christian Graf von Krockow
Die Stunde der Frauen
Bericht aus Pommern 1944 bis 1947
dtv 30014

Marion Yorck von Wartenburg
Die Stärke der Stille
Erzählung eines Lebens aus dem deutschen Widerstand · dtv 30090

Inge Deutschkron
Mein Leben nach dem Überleben
dtv 30460

Verena Kast
Die beste Freundin
Was Frauen aneinander haben · dtv 35091

dtv

Literatur und Geschichte
zum Nachschlagen

Herbert A. und
Elisabeth Frenzel
**Daten deutscher
Dichtung**
Chronologischer Abriß
der deutschen Literaturge-
schichte in 2 Bänden
Band 1
Von den Anfängen bis zum
jungen Deutschland
dtv 3003
Band 2
Vom Realismus bis zur
Gegenwart
dtv 3004

Horst Dieter Schlosser
**dtv-Atlas zur deutschen
Literatur**
dtv 3219

Leopold Hirschberg
Der Taschengoedeke
Bibliographie deutscher
Erstausgaben
dtv 3026

**Der Kleine Pauly
Lexikon der Antike**
Herausgegeben von
Konrat Ziegler, Walther
Sontheimer und
Hans Gärtner
5 Bände
dtv 5963

Michael Grant und
John Hazel
**Lexikon der antiken
Mythen und Gestalten**
Mit 390 Abbildungen,
Stammbäumen und Karten
dtv 32508

Klaus-Jürgen Matz
Wer regierte wann?
Regententabellen zur
Weltgeschichte
dtv 3294

Werner Hilgemann und
Hermann Kinder
**dtv-Atlas zur
Weltgeschichte**
2 Bände
dtv 3001 und
dtv 3002

Konrad Fuchs und
Heribert Raab
**Wörterbuch zur
Geschichte**
dtv 3364

Georg Denzler und
Carl Andresen
**Wörterbuch
Kirchengeschichte**
dtv 32503